D1723187

storytelling
die kraft des erzählens für die unternehmenskommunikation nutzen

michael müller

School for
Communication and
Management

Weichselstraße 6
10247 Berlin
Tel. 030 47989789
Fax 030 47989800
www.scmonline.de

Redaktion: Theresa Schulz
Lektorat: Bernd Stadelmann
Satz und Layout: Jens Guischard
Druck: D + S Druck & Service GmbH

1. Auflage: Oktober 2014
ISBN: 978-3-940543-36-3

STORYTELLING – MEHR ALS NUR EIN HYPE?

Als ich 1997 mit meinen Kollegen Karolina Frenzel und Hermann Sottong begann, in Unternehmen das Konzept „Storytelling" vorzustellen, war die häufigste Reaktion: Befremden. Storytelling? Was will der Kerl? Will der uns Märchen erzählen? Das sagten die Blicke vieler unserer Gesprächspartner, das sagten manche aber auch ganz wörtlich. Storytelling war damals im Unternehmenskontext eben etwas völlig Neues und Fremdartiges.

Einige unserer Gesprächspartner ließen sich aber auf das Hören und Erzählen von Geschichten ein – und erlebten, welches Potenzial, welche Kraft im Erzählen für die Unternehmenskommunikation, für die Entwicklung der Unternehmenskultur, für Change Management und Markenbildung steckt. Diese Unternehmen waren die Pioniere, die dem Siegeszug des Storytelling in Deutschland den Boden bereiteten.

Heute reagiert kein Unternehmen mehr befremdet, wenn der Begriff „Storytelling" fällt – ganz im Gegenteil: in immer mehr Firmen gehört Storytelling zum festen Bestandteil des Werkzeugkastens in der Unternehmenskommunikation, in Wissensmanagement und Organisationsentwicklung. Häufig jedoch, das ist meine Erfahrung als Berater und Seminarleiter in Unternehmen, ist nicht ganz klar, was sich genau hinter dem Begriff verbirgt, was genau eine gute Story von anderen Text- oder Medienangeboten in der Unternehmenskommunikation unterscheidet. Dieses Buch will genau diese Informationen kurz und knapp liefern.

Nach einem kurzen Blick in die Hirnforschung und ihre Antworten auf die Frage, warum wir überhaupt Geschichten erzählen (sollten), werden wir die wichtigsten Elemente einer guten Geschichte anhand von Beispielen ansehen. Auf der Basis dieses Bauplans jeder guten Geschichte werden Sie dann verschiedene Dramaturgien von Geschichten, Masterplots und Möglichkeiten des Digitalen Erzählens kennen lernen.

Das Buch versteht sich als Werkzeugkasten; ich habe versucht, alle Inhalte so aufzubereiten, dass Sie sie sofort umsetzen können. In Didaktik und Aufbau habe ich mich dabei an den zahlreichen Storytelling-Seminaren orientiert, die ich in den letzten 15 Jahren gegeben habe. Ich möchte an dieser Stelle allen Teilnehmern dieser Seminare danken, die durch ihre Geschichten und ihre narrative Intelligenz an der Erfolgsgeschichte von Storytelling in Unternehmen mitgeschrieben haben.

Es gibt einen ganz einfachen Grund, warum Sie Storytelling in Ihrer Kommunikation so oft wie möglich einsetzen sollten: Weil unser Gehirn in Geschichten denkt. Das Gehirn eines jeden von uns liebt Geschichten – und damit auch das Gehirn Ihrer Kunden, Ihrer Mitarbeiter, der Journalisten und Partner, mit denen Sie zusammenarbeiten, für die Sie schreiben. Wir lieben es, Geschichten erzählt zu bekommen, und hören viel lieber zu, wenn uns eine spannende Handlung präsentiert wird, als wenn wir mit Fakten konfrontiert werden. Mit dürren Beschreibungen. Mit blutleeren Aufzählungen von Unternehmenswerten à la „Der Mensch steht im Mittelpunkt", „Wir sind immer höchster Qualität verpflichtet" – oder wie die schönen Sätze alle heißen, die gerne in Unternehmen formuliert werden und so schlicht wie nichtssagend sind. Es sind Geschichten, die Menschen interessieren. Der Psychiater und Gehirnforscher Manfred Spitzer bringt es auf den Punkt:

> *„Nicht Fakten, sondern Geschichten treiben uns um, lassen uns aufhorchen, betreffen uns und gehen uns nicht mehr aus dem Sinn (...) Geschichten enthalten Fakten, aber diese Fakten verhalten sich zu den Geschichten wie das Skelett zum ganzen Menschen."*
> *(Spitzer 2007: 453; 35)*

Unternehmenskommunikation will ja genau das: Menschen bewegen, etwas zu kaufen, etwas zu tun, das Unternehmen toll zu finden, gerne in dem Unternehmen zu arbeiten, motiviert zu sein. Es sind letztlich Emotionen, über die wir die Menschen erreichen. Und Emotionen löst man am besten über Geschichten aus. Geschichten enthalten Fakten, als Skelett, aber das Fleisch drumherum ist das, was die Menschen bewegt. Die Fakten vermitteln wir ihnen durch die Geschichte gewissermaßen „unter der Hand" mit.

Unser narratives Gedächtnis

Einer der Gründe, warum unser Gehirn Geschichten liebt, liegt in der Struktur unseres Gedächtnisses: Wie die Gehirnforschung herausbekommen hat, haben wir zwei Arten von Gedächtnis (mindestens; manche Hirnforscher sprechen von noch mehr Arten): das Faktenwissen-Gedächtnis und das episodische Gedächtnis.

1 episodisches Gedächtnis

narrative Strukturen

- Erlebnisse
- Ereignisse
- Erfahrungen
- Autobiographisches

räumlicher, zeitlicher und inhaltlicher Kontext von Gedächtnis-Inhalten (vgl. Roth 2003: 155)

Faktenwissen-Gedächtnis 2

formale Strukturen und Daten

- Wissen
- Fakten
- Einzelheiten
- formale Verknüpfungen

personen-, orts-, zeit- und kontext-unabhängige Tatsachen (vgl. Roth 2003: 155)

SCHAUBILD 1: ZWEI ARTEN VON GEDÄCHTNIS

Das Faktenwissen-Gedächtnis speichert isolierte, für sich alleinstehende Fakten, Daten, Zahlen, ohne sie in einen Kontext, einen größeren Zusammenhang einzubinden. Das können mathematische Einzelheiten sein wie zum Beispiel die Zahl „Pi", einzelne Jahreszahlen aus der Geschichte („Die Schlacht bei Issos fand 333 v. Chr. statt"), Postleitzahlen, PIN-Codes, das chemische Periodensystem, die Definition des Begriffs „Operationalisierung". Es sind also all die Dinge, die wir in einem bestimmten Kontext wissen müssen, die wir aber immer wieder gern vergessen und auch zu Beginn (z.B. in der Schule) Mühe hatten, uns zu merken.

Das episodische Gedächtnis speichert dagegen Zusammenhänge, Erinnerungen, Episoden (daher der Name) aus unserer Vergangenheit: Kurz, das episodische Gedächtnis speichert narrative Strukturen, besser bekannt als „Geschichten". Wir haben also ein eigenes „Geschichtengedächtnis", das an bestimmten Stellen unseres Gehirns verortet ist. Das ist einer der Gründe, warum unser Gehirn Geschichten liebt.

Das episodische Gedächtnis hat auch eine wichtige Funktion beim Aufbau dessen, was wir „Identität" nennen: In der psychologischen Identitätsforschung hat sich mittlerweile die Erkenntnis durchgesetzt, dass Identitäten von Individuen (aber auch von Organisationen und Unternehmen) durch Geschichten aufgebaut werden (vgl. Bruner 1986; Keupp u.a. [4]2008). Stellen Sie sich vor, Sie sitzen während einer Geschäftsreise nach einem anstrengenden Tag an der Hotelbar und kommen ins Gespräch mit einem anderen Gast. Nach ein wenig Small Talk über Wetter und Business finden Sie sich gegenseitig sympathisch und möchten den anderen besser kennen lernen. Um ihm zu vermitteln, wer Sie sind, werden Sie jetzt aller Wahrscheinlichkeit nach nicht Zahlen, Daten, Fakten herunterrasseln, Geburtsdatum, Größe, Tag der Einschulung, Tag des Abschlusses, Heiratsdatum, Tag der Einstellung bei

Ihrer jetzigen Firma. Nein, Sie werden beginnen zu erzählen, einige Erlebnisse aus Ihrem Leben, vielleicht eine kurz gefasste Geschichte Ihrer bisherigen Karriere. Um anderen klarzumachen, wer wir wirklich sind, ihm unsere Identität darzustellen, müssen wir erzählen – alles andere bleibt dürr, unanschaulich, unlebendig. Wenn es also darum geht, die Identität Ihres Unternehmens zu vermitteln, ist Storytelling das Mittel der Wahl.

Das episodische Gedächtnis erwartet Geschichten, speichert sie, arbeitet unsere Erlebnisse in Geschichten um. Die gute Nachricht für alle, die sich mit Kommunikation beschäftigen, ist dabei, dass dieses Prinzip auch in der umgekehrten Richtung funktioniert: Geschichten, die wir hören, lesen, im Kino sehen, werden im episodischen Gedächtnis gespeichert und vom Gehirn in ähnlicher Weise verarbeitet wie Erlebnisse. Wenn wir also Geschichten erzählen, liefern wir unseren Rezipienten nicht nur Fakten (die wir in die Geschichten verpacken), sondern wir bieten ihnen tatsächlich etwas Ähnliches wie Erlebnisse.

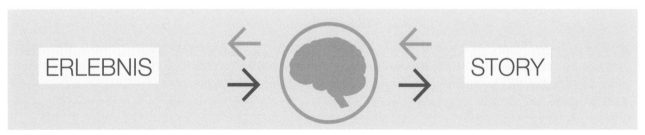

SCHAUBILD 2: UNSER GEHIRN DENKT IN GESCHICHTEN

Spiegelneuronen und Emotionalität

Ein weiteres Ergebnis der Hirnforschung gibt uns einen Hinweis darauf, warum wir auf Geschichten und die Figuren, die in ihnen agieren, emotional reagieren: Warum wir traurig werden und vielleicht sogar weinen, wenn wir eine unglückliche Liebesgeschichte im Kino sehen; warum unsere Handflächen feucht werden und sich die Muskeln anspannen, wenn wir einen spannenden Actionfilm verfolgen; warum wir lachen müssen, wenn wir einen humorvollen Roman lesen. Für alle diese Reaktionen verantwortlich sind nach dem derzeitigen Stand der Gehirnforschung eine besondere Art von Gehirnzellen, die sogenannten Spiegelneuronen. Diese Zellen sind immer dann aktiv, wenn wir komplexe Handlungen oder Zustände innerlich nachvollziehen; sie werden häufig auch „Empathieneuronen" genannt, weil man vermutet, dass wir ihnen unsere Fähigkeit verdanken, uns in andere Menschen hineinzuversetzen, ihre Trauer, Freude und Angst mitzufühlen und mitzuerleben (vgl. Rizzolatti/Sinigaglia 2008). Und diese Spiegelneuronen sind auch aktiv, wenn wir Geschichten hören, sehen oder lesen. Geschichten werden also in unserem Gehirn nicht nur an der gleichen Stelle wie Erlebnisse (nämlich im episodischen Gedächtnis) verarbeitet, sondern wirken auch emotional (fast) wie Erlebnisse. Wir fühlen mit den Figuren einer Geschichte (fast) wie mit „echten" Menschen.

Wenn wir Geschichten erzählen, vermitteln wir unseren Lesern, Zuschauern, Hörern nicht nur Fakten, sondern verschaffen ihnen Erlebnisse und involvieren sie emotional. Das ist eine gute Nachricht für Unternehmenskommunikateure: denn genau darum geht es ja schließlich, wenn wir Kunden überzeugen, Mitarbeiter motivieren, Nachwuchs gewinnen und das Image des Unternehmens in der Öffentlichkeit verbessern wollen. Weil unser Gehirn Geschichten liebt, sind Geschichten das Kommunikationsmittel der Wahl für die zentralen Belange der Unternehmenskommunikation.

Erzählen und Unternehmensidentität

Die Art und Weise, wie Geschichten in unserem Gehirn verarbeitet werden, hat aber noch eine weitere Dimension, die für die Unternehmenskommunikation von zentraler Bedeutung ist. Ich hatte oben schon angemerkt, dass im episodischen Gedächtnis auch unsere Autobiographie gespeichert wird, also die Geschichte(n), die wir uns selbst über uns erzählen. Manche Gehirnforscher sprechen daher auch von einem „autobiographischen Gedächtnis" (vgl. Markowitsch/Welzer 2005) als Teil des episodischen Gedächtnisses. Und dieses autobiographische Gedächtnis und all die Erlebnisse und Geschichten, die darin gespeichert sind, haben eine überaus wichtige Funktion für das, was wir unsere Identität nennen. Denn die Identität ist eingewoben am Schnittpunkt all der Geschichten, die wir über uns selbst erzählen, die andere über uns erzählen, und sie resultiert aus Geschichten, in die wir hineingeboren sind, wie etwa Familiengeschichten oder nationale Geschichten: Wir sind buchstäblich Bestandteil der Geschichten, die wir und andere über uns erzählen.

Ähnliches gilt auch für die Identitäten von Unternehmen und anderen Organisationen. Auch sie bestehen im Wesentlichen aus den Geschichten, die Unternehmen über sich selbst erzählen (in der Unternehmenskommunikation, im Marketing, aber auch auf dem Wege der Botschaften, die Mitarbeiter des Unternehmens nach außen kommunizieren), aus den Geschichten, die andere über das Unternehmen erzählen (z.B. Kunden, Nicht-Kunden, Geschäftspartner, Medien), und aus Geschichten, die das Unternehmen gewissermaßen ererbt hat (z.B. Geschichten über die Branche oder über die Vergangenheit eines Unternehmens). Unternehmenskommunikation ist also unter diesem Blickwinkel sehr viel mehr als reine Information: Sie ist ständige Arbeit an der Identität eines Unternehmens. Welche

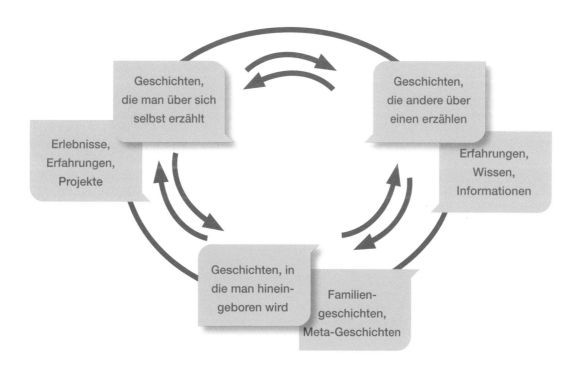

Schaubild 3: Geschichten und Identität

Geschichten sollen über unser Unternehmen erzählt werden? Dazu muss einem natürlich klar sein, welche Identität unser Unternehmen haben soll – und welche Geschichten geeignet sind, die gewünschte Identität darzustellen. Und wie können wir nicht nur die richtigen Geschichten erzählen, sondern durch sie auch beeinflussen, welche Geschichten andere über das Unternehmen erzählen?

Dieser Teil der Aufgabe ist natürlich in der Ära des Web 2.0 nicht leichter geworden – denn ständig werden in Foren und Sozialen Medien neue Geschichten erzählt, von zufriedenen und vor allem von unzufriedenen Kunden und (Ex-) Mitarbeitern (negative Geschichten werden siebenmal häufiger weitererzählt als positive Geschichten – setzen Sie sich einmal in den Speisewagen eines ICE und lauschen Sie den Bahn-Geschichten, die die Passagiere erzählen). Und schließlich: Wie kann man negative Geschichten über das Unternehmen, die nicht nur Image und Ruf, sondern auch das Geschäft negativ beeinflussen, durch positive Geschichten zumindest neutralisieren? Letztlich sind das Fragen, die eine (narrative) Markenführung stellen muss.

Aber grundsätzlich ist klar: Jede Geschichte, die die Unternehmenskommunikation nach innen oder nach außen erzählt, hat mit der Identität des Unternehmens zu tun, verstärkt gewünschte Identitätsmerkmale oder produziert unerwünschte, kontraproduktive. Das alles geschieht, ob uns das nun bewusst ist oder nicht: Kommunikation hinterlässt Spuren in der Öffentlichkeit. Man sollte sich deshalb genau überlegen, wie man kommuniziert, welche Geschichten man erzählt, um die richtigen Spuren zu hinterlassen.

Geschichten zu erzählen, bringt also auch Verantwortung mit sich. Aber keine Angst – sobald Sie wissen, wie man Geschichten so baut, dass sie „gute Geschichten" werden, und wie man sie strategisch einsetzt, lernen Sie schnell damit umzugehen. Alles Nötige dazu erfahren Sie in diesem Buch.

+ **Zusammenfassung**

Geschichten sind deshalb ein so erfolgreiches Mittel der Unternehmenskommunikation,

- weil unser Gehirn Geschichten im episodischen Gedächtnis wie tatsächlich Erlebtes verarbeitet; jemandem eine Geschichte zu erzählen ist also fast so, als ob wir ihm ein Erlebnis verschaffen würden;

- weil Geschichten die Spiegelneuronen in unserem Gehirn aktivieren und uns deshalb emotional involvieren;

- weil die Identität eines Unternehmens durch Geschichten entsteht und diese Identität das Bild des Unternehmens in der Öffentlichkeit beeinflusst.

Wie und wo man Geschichten für die Unternehmenskommunikation findet

Wenn wir Roman- oder Drehbuchautoren wären, könnten wir nun daran gehen, eine Geschichte zu erfinden, von der wir glauben, dass sie für die Kommunikation unseres Unternehmens passend sei. Doch die Geschichten, die wir in diesem Kontext erzählen, sind in aller Regel authentische Geschichten, die auf tatsächlichen Ereignissen und Fakten beruhen. Manchmal wird zwar auch in der Unternehmenskommunikation mit fiktiven oder erfundenen Geschichten experimentiert. Das kann im Kontext der Werbung oder für einen Imagefilm sinnvoll sein – doch in der Regel empfehle ich auf der Basis meiner Erfahrungen, die Finger von ausgedachten, fiktiven Geschichten zu lassen. In der PR sind wir ohnehin auf Geschichten angewiesen, die einen realen Hintergrund in tatsächlich geschehenen Ereignissen haben, und auch in der sonstigen externen und internen Unternehmenskommunikation wirken authentische Geschichten stärker: Man merkt ihnen an, dass sie „real" sind und mit den Erfahrungen der Zielgruppe mit Unternehmen und Produkt übereinstimmen.

Wenn ich zum Beispiel eine fiktive Geschichte erzähle, in der das Unternehmen als „cooler", ungewöhnlicher, kreativer Laden rüberkommt, die Kunden, Mitarbeiter und Partner es aber eher als bürokratisches, schwerfälliges und entscheidungsschwaches Gebilde erleben, dann wirkt diese Geschichte allenfalls lächerlich, trägt keinesfalls zur Verbesserung des Images bei, und der Schuss geht buchstäblich nach hinten los. Wenn man also in der Unternehmenskommunikation fiktive, ausgedachte Geschichten verwendet, dann sollten sie sehr nah an der Realität sein. Auf „Nummer sicher" gehen Sie jedoch, wenn Sie die Finger ganz davon lassen und lieber mit authentischen Geschichten arbeiten.

Info

Vorteile authentischer Geschichten in der Unternehmenskommunikation:

• authentische Geschichten „liegen auf der Straße", man muss sie nicht erst erfinden;
• authentische Geschichten stimmen mit der Erfahrungswelt der Zielgruppe überein;
• authentische Geschichten regen zum Weitererzählen an;
• in authentischen Geschichten finden sich auch die Mitarbeiter des Unternehmens wieder.

Wenn ich, wie hier, in meinen Seminaren behaupte, Geschichten lägen auf der Straße, ernte ich immer Protest: Sehr viele Mitarbeiter in Unternehmenskommunikation und PR erleben es offenbar als das schwierigste Problem beim Storytelling, die richtigen Geschichten zu finden. Das ist verständlich – die besten Geschichten hat man schon erzählt, wahrscheinlich schon mehrmals, und vielleicht ist auch das Produkt des eigenen Unternehmens nicht so furchtbar spannend, dass es immer wieder von selber neue Geschichten erzeugt. Dennoch: Wo immer Menschen Produkte entwickeln, herstellen, verkaufen, Service bieten, werden Handlungen ausgeführt, und Handlungen sind der Grundstoff für Geschichten. Allerdings muss man dort hingehen, wo diese Handlungen passieren, um die dahinterliegenden Geschichten zu finden – die Geschichten kommen nicht von selbst zu uns, sie überschreiten nicht automatisch die Schwelle zur Kommunikationsabteilung.

Bekannt sind die gängigen Versuche, per Aufruf im Intranet zum Einschicken von Geschichten zu animieren. Meiner Erfahrung nach ist dies die schlechteste und meist von vornherein zum Scheitern verurteilte Methode. Denn in aller Regel sind die Mitarbeiter mit ihrer täglichen Arbeit schon an der Belastungsgrenze und sehen gar nicht ein, warum sie nun auch noch „den Job der Typen aus der Kommunikationsabteilung" machen sollen. Darüber hinaus fallen den Mitarbeitern im stillen Kämmerlein bzw. vor ihrem Computermonitor auch keine Geschichten ein. Es ist ihnen meist nicht bewusst, dass in ihren alltäglichen Handlungen Stoff für Geschichten steckt.

Um Geschichten zu finden, müssen wir also aktiv werden; die vier erfolgreichsten Methoden des Geschichtenfindens beschreibe ich im Folgenden. Ihnen allen gemeinsam ist: Man muss dort hingehen, wo das passiert, was wir als Stoff für unsere Geschichten brauchen.

Der Erzählworkshop

Die effektivste Art und Weise, Geschichten zu finden, ist der Erzählworkshop. Ist die Sache erst einmal organisiert, bleibt der Aufwand relativ gering. Das Prinzip ist ganz einfach: Man ruft für zwei Stunden 15 bis 20 Mitarbeiter zusammen, die etwas mit dem Thema, um das es gehen soll, zu tun haben. (Übrigens reichen auch 8 bis 10 Personen, doch gibt das dann weniger Geschichten.) Man bittet sie, ihre Erfahrungen und Erlebnisse zum relevanten Themenbereich mitzuteilen. Man nimmt die Geschichten, die sie erzählen auf, lässt das Material hinterher abtippen und hat dann eine Menge Geschichten-Material, das man nur noch schärfen und auf den Punkt bringen muss. (Wie man das macht, erfahren Sie im nächsten Kapitel). Um zu Beginn des Erzählworkshops das Eis zu brechen, ist es meist hilfreich, die Teilnehmer zunächst für zehn Minuten in Zweiergruppen Geschichten finden zu lassen, sodass sie nicht gleich vor allen Mitwirkenden im Plenum reden müssen.

Hier finden Sie Beispiele zu Erzählworkshop-Themen aus meiner Praxis:

Beispiel 1:	Servicequalität kommunizieren
Unternehmen:	Airline
Ziel/Thema:	Kundenorientierung und Servicequalität im Check-in- und Gate-Bereich
Teilnehmer:	Mitarbeiter der Airline am Check-in und am Gate

Beispiel 2:	Kundengespräche plastischer machen
Unternehmen:	Fondsgesellschaft
Ziel/Thema:	Es sollten Geschichten aus der Beraterpraxis gesammelt werden, die in der Folge intern veröffentlicht wurden und von anderen Beratern in deren Beratungsgesprächen verwendet werden sollten.
Teilnehmer:	Kundenberater des Finanzdienstleisters

Beispiel 3:	Leitsätze illustrieren
Unternehmen:	Bank
Ziel/Thema:	Es sollten Geschichten gefunden werden, die die sieben Leitsätze der Bank anschaulich machen und sie illustrieren.
Teilnehmer:	Mitarbeiter der Bank

Viele Kommunikatoren können sich anfangs nicht entschließen, einen Erzählworkshop durchzuführen, aus Angst, dass die Teilnehmer/Mitarbeiter nicht „mitziehen". Diese Angst verstärkt sich, wenn man zum ersten Mal einen solchen Workshop organisiert und die Teilnehmer bei der Aufforderung, ihre Erlebnisse zu erzählen, äußerst skeptisch reagieren und behaupten, ihnen falle nichts ein. In diesem Moment bitte auf keinen Fall die Flinte ins Korn werfen! Stur weiter machen, die Teilnehmer in Zweiergruppen einteilen, sie bitten, sich gegenseitig zu helfen, Geschichten zu finden. Sobald die erste Hemmschwelle überwunden ist, hat noch jeder Erzählworkshop funktioniert.

≫ Checklist: Durchführung eines Erzählworkshops

1. Auswahl und Einladung der Teilnehmer: Je nach Anlass und Ziel der zu findenden Geschichten können unterschiedliche Teilnehmerzusammensetzungen sinnvoll sein: Wenn es, wie oben, um Geschichten zur Illustration eines Leitbildes geht, sollte man natürlich Mitarbeiter aus vielen verschiedenen Abteilungen einladen. Geht es jedoch um Kundengeschichten, dann sollten eher die Vertriebsmitarbeiter dabei sein, und bei Produktinnovationen möglichst die Mitarbeiter aus dem F&E-Bereich.

2. Abklären, dass die Mitarbeiter für zwei Stunden von der Arbeit freigestellt werden (in der Regel werden die Mitarbeiter nicht bereit sein, einen Erzählworkshop in ihrer Freizeit durchzuführen).

3. Zum Erzählworkshop einladen; in dieser Einladung empfiehlt es sich, nicht vom „Geschichten erzählen" zu sprechen, da dies erfahrungsgemäß vielen Menschen Angst macht, sondern eher von einem „Erfahrungsaustausch".

4. Zu Beginn des Workshops den Zweck erläutern, zum Beispiel: Wir möchten unsere Produktkommunikation verbessern, und dazu brauchen wir Ihre Erfahrungen, Ihre Erlebnisse, die Sie in den nächsten zwei Stunden erzählen sollen. Weisen Sie auch darauf hin, dass die Erzählungen aufgenommen werden, die Aufnahme aber nur für interne Zwecke genutzt wird.

5. Die Teilnehmer für 10 Minuten in Zweiergruppen einteilen und sie bitten, sich gegenseitig durch Nachfragen zu helfen, jeweils ein Erlebnis, eine Geschichte zu finden.

6. Im Plenum erzählt anschließend jeder seine Geschichte; nach dem Erzählen wird der Geschichte ein Titel gegeben, den man auf eine Moderationskarte schreiben und an eine Pinnwand hängen kann – so sind alle Geschichten auch im Raum präsent.

7. Wenn alle Geschichten erzählt sind, nachfragen, ob jemandem noch weitere Erlebnisse eingefallen sind. Erfahrungsgemäß wird das der Fall sein – Geschichten erzeugen neue Geschichten.

8. Wenn keine neuen Geschichten mehr kommen, den Teilnehmern danken und den Workshop beenden.

9. Die aufgenommenen Geschichten abtippen lassen und die besten davon zur Kommunikation weiterverarbeiten.

Das narrative Interview

In manchen Fällen ist es weder möglich noch sinnvoll, eine Gruppe von Mitarbeitern zu einem Erzählworkshop zusammenzurufen, sondern man muss potenzielle „Geschichtenbesitzer" einzeln aufsuchen und versuchen, ihnen ihre Geschichten zu entlocken. Hat man mit ihnen einen Gesprächstermin, sollte man das Interview gleich schon als narratives Interview durchführen, das heißt, so fragen, dass man Geschichten (oder den Stoff für Geschichten) bekommt und nicht nur Fakten. Das bedeutet: den Gesprächspartner zum Erzählen animieren. Das erreicht man mit folgendem Vorgehen:

> » **Checklist: Das narrative Interview**

1. Fragen Sie immer nach der Herkunft, dem Ursprung, der Entstehungsgeschichte einer Idee, einer Lösung, eines Projekts, eines Produkts:
   Wie sind Sie auf xy gekommen?
   Wie ist die Idee dazu entstanden?
   Was waren die Probleme, die zu dieser Lösung geführt haben?
2. Fragen Sie nach Zuständen vor und nach einer Veränderung. Animieren Sie zu Beispielerzählungen:
   Wie war es früher, vor Einführung des Projekts? Was waren typische Situationen?
   Was sind die Hauptunterschiede zwischen früher und heute?
   An welchen Situationen/Erlebnissen kann man die Veränderung erkennen?
3. Fragen Sie nach besonderen Herausforderungen (das Wort ‚Probleme' mögen die meisten nicht) bei der Umsetzung/Etablierung/Durchführung eines Projekts; und fragen Sie nach besonderen Erlebnissen in diesen (problematischen) Phasen. Mit ihnen können Sie später in Ihrem Text Spannung aufbauen.

>> **Checklist: Das narrative Interview**

4. Fragen Sie nach den Hauptbeteiligten:
    Wer waren die wichtigsten Förderer?
    Wer evtl. die Gegenspieler (zum Beispiel Konkurrenz-Unternehmen)?
    Wem ist es zu verdanken, dass alle Schwierigkeiten überwunden wurden?
5. Fragen Sie danach, wie es in Zukunft weitergehen wird:
    Was werden die nächsten Schritte sein?
    Was wird die nächste große Herausforderung sein?
    Wie wird es in fünf (zehn, zwanzig) Jahren sein?

Die Geschichten-Recherche

Wenn man erst mal das Prinzip verstanden und den Wert von Geschichten erfasst hat, ist man eigentlich immer auf Story-Suche, immer „auf Empfang" für Geschichten. Eigentlich muss man nur zuhören: Denn wo Menschen sind, werden auch Geschichten erzählt. Versuchen Sie doch einfach mal, in Ihrem Unternehmen herumzugehen, mit Menschen zu sprechen, in Kaffeeküchen ins Gespräch zu kommen, nach Erlebnissen zu fragen (Sie können dabei auch die Fragen im vorhergehenden Abschnitt benutzen): Sie werden sehen – Geschichten finden Sie überall. Damit Kollegen, Mitarbeiter oder Kunden Ihnen Ihre Geschichten gerne erzählen, ist die wichtigste Voraussetzung, dass Sie zuhören können: Ein guter Zuhörer gibt dem anderen das Gefühl, dass seine Geschichte interessant und spannend ist, dass sie es wert ist, erzählt zu werden. Hier einige Tipps, wie Sie ein guter Zuhörer sein können:

! Tipp - Ein guter Zuhörer werden

1. Wenn Sie anderen begegnen und Geschichten hören wollen, brauchen Sie eine Haltung der Offenheit, Geduld und des ehrlichen Interesses an der anderen Person.

2. Vergessen Sie für eine Weile Ihr Thema, Ihr eigenes Interesse, Ihr Anliegen. Nehmen Sie sich Zeit und signalisieren Sie, dass Sie Zeit haben. Schaffen Sie eine angenehme Atmosphäre. Seien Sie offen und aufmerksam.

3. Versuchen Sie niemals, das Erzählen zu erzwingen.

4. Machen Sie den Anfang: Der leichteste Einstieg ist meist der, selbst etwas zu erzählen. Wer eine Geschichte in den Raum wirft, bekommt dafür oft mehrere Geschichten zurück.

5. Knüpfen Sie das Gespräch bei der Befindlichkeit oder der Erinnerung des Gegenübers an: „Als wir uns das letzte Mal getroffen haben, hatten Sie doch gerade mit einem neuen Job angefangen. Wie ist es Ihnen denn seither so ergangen?"; „Wissen Sie noch, wie das Projekt damals zustande kam?"

6. Signalisieren Sie Ihr Interesse daran, sich genau vorstellen zu können, was der andere konkret erlebt hat: Fragen Sie nach, wie etwas ausgesehen hat, was jemand in einer Situation genau gesagt hat etc. Und fragen Sie nach Unterschieden und Gemeinsamkeiten zu dem, was Sie kennen.

7. Nehmen Sie jede Geschichte ernst. Halten Sie nichts für selbstverständlich. Hören Sie auch bei Geschichten, die Ihnen bekannt vorkommen, so zu, als hörten Sie alles zum ersten Mal.

8. Unterbrechen Sie den anderen nicht durch Einwände und Kommentare. Wenn die Erzählung stockt, lassen Sie dem Erzähler Zeit.

Geschichten hinter den Fakten entdecken

„Wir sind ein ingenieurgetriebenes Unternehmen. Bei uns gibt es nur Fakten, keine Geschichten," lautet ein Stoßseufzer, den ich in Seminaren schon oft gehört habe: Die Kommunikateure würden für ihr Leben gern Geschichten erzählen, aber es sind immer nur Fakten, die sie von den Fachabteilungen bekommen, Zahlen und Factsheets. Die gute Nachricht: Auch hinter Zahlen und Fakten stecken häufig Geschichten – auch wenn das den Produzenten der Zahlen oft gar nicht bewusst ist. Man muss diese Geschichten nur finden, oder besser: ausgraben. Man sollte sich dazu den Fachmann/die Fachfrau schnappen und mit ihm oder ihr sprechen – und immer wieder nachfragen: Wie ist das entstanden? Wie sind Sie auf die Idee gekommen? Was war vorher, als es diese Innovation noch nicht gab? (Siehe die Fragen zum narrativen Interview Seite 25f.).

Die Möglichkeiten sind vielfältig – wichtig ist, mit der Zeit ein Gespür für die Geschichten hinter den Fakten zu entwickeln. Hier nur einige Beispiele:

Die Geschichte hinter der Produktinnovation

Neue Produkte werden erfunden, weil es irgend einen Mangel gibt, den sie abstellen sollen. Natürlich werden sie auch erfunden, um Umsätze zu machen, aber Fakt ist: Kein Produkt wäre verkäuflich, wenn der Hersteller die Kunden nicht davon überzeugen kann, dass es einen Mangel abstellt, etwas verbessert, etwas leichter macht, ein Problem löst. Hinter jedem neuen Produkt steckt also einerseits eine Situation, bevor es entwickelt/erfunden/zum Kauf angeboten wurde, als es für die Kunden einen Mangel oder ein Problem gab, und andererseits gibt es den Zustand nach Erfindung des Produkts, als das Problem gelöst war. Hinter jedem Produkt steckt also die

Geschichte einer Problemlösung. Hinter einer neuen Zahncreme etwa, die besonders gut das Zahnfleischbluten verhindert: Vorher hatten die (potenziellen) Kunden das Problem, dass sie immer, wenn sie in einen knackigen Apfel bissen, leicht bluteten, was natürlich erschreckend war, war es doch ein Symptom für die Entzündung ihres Zahnbetts. Deshalb wurde die neue Zahncreme entwickelt, die eine Entstehung von Parodontitis schon im Keim erstickt.

Oder zum Beispiel ein neuer, wasserlöslicher Industrielack: Früher fielen in der Lackiererei eine Menge umweltschädlicher Abwässer an, deren Entsorgung viel Geld kostete. Darum wurden moderne, wasserlösliche und biologisch abbaubare Lacke entwickelt. Jetzt kann jede Lackiererei ihre Arbeit mit einem guten ökologischen Gewissen verrichten und spart dabei auch noch Geld.

Biographische Geschichten von Mitarbeitern
Eine weitere, schier unerschöpfliche Quelle von Geschichten sind die Arbeitsbiographien Ihrer Kollegen und Mitarbeiter. Natürlich müssen diese Erlebnisse mit einer Botschaft verknüpft sein, die dem Unternehmen oder Ihrem Kommunikationsziel nützt. Das könnte zum Beispiel die Geschichte einer Idee sein, die ein Mitarbeiter hatte und die den gesamten Produktionsablauf verbesserte, oder den Kundenservice, oder die Qualität eines Produkts. Oder die Geschichte eines besonderen Auslandsaufenthalts, aus dem sich eine neue Produktidee für den Bedarf bestimmter Länder ergab. Oder eine neue Führungsphilosophie, die eine Führungskraft entwickelt und die Prozesse einer Abteilung signifikant verbessert hat.

Der Trick: Suchen Sie zu der Idee den Menschen, der dahinter steht – und schon haben Sie eine Geschichte. Und wenn dieser Mensch zu bescheiden ist und seinen Namen nicht in einer Firmenbroschüre oder einer Pressemitteilung lesen möchte, fragen Sie ihn, ob Sie über seine Idee, seine Entwicklung in anonymisierter Form berichten dürfen – manchmal überlegt es sich der Kollege dann doch noch und ist bereit, mit seinem Namen dafür einzustehen.

Kundengeschichten sammeln

Positive Geschichten darüber, wie Kunden mit Ihren Produkten oder Dienstleistungen umgehen, sind natürlich Gold wert. Auf den ersten Blick mag es schwierig erscheinen, diese Geschichten bei den Kunden zu finden: Man hat ja wohl kaum die Zeit, einen Kunden nach dem anderen abzuklappern und sie zum Geschichtenerzählen zu animieren. Aber auch hier gibt es eine (relativ) einfache Möglichkeit. Sie haben nämlich im eigenen Unternehmen Kollegen, deren Kopf voller Kundengeschichten ist: Die Kollegen aus dem Vertrieb oder aus dem Kundenservice – also diejenigen, die jeden Tag mit den Kunden Ihres Unternehmens zu tun haben. Machen Sie einmal mit diesen Kollegen einen Erzählworkshop (vgl. S. 22), treffen Sie sich mit einem netten Vertriebskollegen einfach mal nach Feierabend auf ein Bier. Ganz sicher werden Sie mit einem ganzen Sack voller Geschichten nach Hause gehen. Ob Sie die Geschichten dann mit der Nennung des Kundennamens veröffentlichen dürfen, sollten Sie im Einzelfall klären.

(Lebende) Archive plündern

Und dann gibt es natürlich in größeren und schon länger bestehenden Unternehmen Archive, in denen man recherchieren und Geschichten aus der Geschichte des Unternehmens finden kann, die auch heute noch für PR und Unternehmenskommunikation interessant sein können. Eine gute Abkürzung: Das „wandelnde Firmenlexikon" – in vielen Unternehmen gibt es einen (meist nicht mehr jungen) Kollegen, der alles weiß, was es zu wissen gibt und der in der Regel gern bereit ist, sein Wissen zu teilen. Das Problem bei diesen Gedächtnisakrobaten liegt oft nicht darin, sie zum Erzählen zu bringen, sondern sie wieder zu stoppen. Aber wenn man dafür gute Geschichten bekommt ....

Investigativ arbeiten

Und natürlich können Sie sich wie ein investigativer Journalist auf den Weg machen, um Wissen zu einem bestimmten Sachverhalt zu sammeln – und die Geschichte Ihres Wissenserwerbs danach gleich weitererzählen (im Unternehmensmagazin oder im Intranet zum Beispiel). Wie kam man darauf, Fahrzeugteile mit neuen Karbon-Verbundwerkstoffen zu bauen? Gehen Sie von einem Mitarbeiter, der an dem Projekt beteiligt ist, zum nächsten, fragen Sie wie ein guter Reporter und teilen Sie den Lesern die Antworten (evtl. verkürzt) mit – voilà, Sie haben eine spannende Geschichte.

Bevor wir uns genauer ansehen, woraus eine Geschichte, und vor allem, woraus eine gute Geschichte gemacht ist, noch eine kurze Klärung dessen, was eine Geschichte überhaupt ist. Oft verhält es sich so, dass Journalisten (und auch „Unternehmensjournalisten") nahezu alles „Story" nennen, woran sie gerade arbeiten, auch wenn gar keine Geschichte im engeren Sinn dahinter steckt. „Ich habe gerade eine Story über das neue Restaurant in der Goethestraße geschrieben", berichtet zum Beispiel ein Gastronomiekritiker. Der Artikel enthält jedoch keine Geschichte, sondern eine Beschreibung der Einrichtung des Restaurants, verschiedener Gerichte, die serviert wurden, nebst der Bewertung ihrer Qualität sowie einer Einschätzung des Service. Das ist keine Geschichte. Es ist eine Beschreibung (mit Bewertung). Eine Geschichte würde daraus, wenn der Reporter etwa das Leben des Restaurantbesitzers und die Umstände, die zur Gründung des Restaurants geführt haben, erzählen würde. Oder wenn er die Geschichte über den Restaurantbesuch, so wie er ihn erlebt hat, erzählen würde. In dieser Geschichte könnten zwar beschreibende und bewertende Elemente enthalten sein, aber sie müssten eingebettet werden in die temporale Struktur einer Geschichte: „Erst habe ich das Restaurant betreten, dann habe ich die Speisekarte gelesen, dann..., dann..., dann..."

Nicht alles ist also eine Geschichte. Man kann grundsätzlich zwischen folgenden Dramaturgien einzelner Medienprodukte (Texte, Filme, Audiobeiträge etc.) unterscheiden:

Hintergrund: Dramaturgien in der Unternehmenskommunikation

Deskriptive Dramaturgie: Ein Sachverhalt oder ein Zusammenhang wird beschrieben: Etwa ein neues Automodell – welche Form es hat, wie es technisch ausgestattet, wie innovativ es ist, etc. Deskriptive Dramaturgien haben eine logische Struktur. Die einzelnen Informationen müssen in einem logischen Zusammenhang stehen, nicht aber unbedingt in einem temporalen: Es ist nicht entscheidend, in welcher Reihenfolge die einzelnen Informationen präsentiert werden.

Explikative Dramaturgie: Die Funktionsweise eines Produkts oder eines Prozesses wird erklärt: Wie wird ein Auto gebaut? Zunächst kommt das Blech ins Presswerk, dann wird das Fahrgestell geschweißt, etc. Hier wird zwar – ähnlich wie in einer Geschichte – ein Ablauf beschrieben, die Reihenfolge der Schritte ist wichtig, aber es fehlt ein Spannungsbogen, den wir noch als für eine Geschichte entscheidend kennen lernen werden. Gebrauchsanleitungen übrigens sind Paradebeispiele für explikative Dramaturgien.

Perspektivische Dramaturgie: Eine Meinung zu einem Thema wird abgegeben, ein Kommentar oder eine Glosse verfasst. In Medienprodukten mit perspektivischer Dramaturgie geht es also nicht so sehr um Information, sondern um Bewertung und Meinung. Das oben erwähnte Beispiel einer Restaurantkritik ist streng genommen eine Mischung aus deskriptiver und perspektivischer Dramaturgie (und wenn dazu Kochrezepte aufgeführt sind, wären auch noch Elemente einer explikativen Dramaturgie dabei).

Narrative Dramaturgie: Erzählt wird eine Geschichte. Was das bedeutet, sehen wir uns nun in aller Ausführlichkeit an.

Storytelling ist also nicht alles – es gibt auch noch andere erfolgreiche Dramaturgien, um die Kommunikation zu strukturieren. Nicht jedes Thema gibt eine Story her – manchmal kann es besser sein, Beiträge deskriptiv oder explikativ aufzubauen. Aber man sollte die Suche nach der Story in einem Thema nicht allzu früh aufgeben – Storytelling ist immer der Königsweg der Kommunikation, eben weil unser Gehirn in Geschichten denkt.

Wenn wir den Stoff, aus dem man gute (Unternehmens-)Geschichten macht, zur Verfügung haben, können wir daran gehen, die Geschichte zu „bauen". Falls Sie den Stoff noch nicht haben sollten – keine Angst, Geschichten kommen auch beim Geschichtenerzählen. Das schöne beim Erzählen ist, dass es ein sogenannter „rekursiver" Prozess ist: Geschichten ergeben Geschichten, die wieder neue Geschichten ergeben. Meine eigene Erfahrung und die sehr vieler Teilnehmer meiner Seminare ist, dass einem die Geschichten nicht irgendwann ausgehen, wenn man sich einmal auf das „Abenteuer Storytelling" einlässt, sondern dass der Schatz an Geschichten, die man zur Verfügung hat, immer größer wird: Man entwickelt nach und nach ein Gefühl für Geschichten, eine Art „narrativer Intelligenz" die zu immer neuen Geschichten führt.

Wie bei jedem effektiven Training ist eine der Voraussetzungen für Storytelling, dass man die Grundlagen dessen, was man trainiert, kennt: Wer Muskelaufbau betreibt, sollte über die Grundbeschaffenheit der Muskulatur und des Bewegungsapparats Bescheid wissen. Und wer seine Fähigkeit trainieren möchte, Geschichten im Unternehmenskontext zu erzählen, sollte die Grundbausteine einer guten Story-Architektur kennen.

Im Zentrum jeder Geschichte: Der Protagonist

Jede Geschichte, die erzählt wird, ist die Geschichte einer Person oder Personengruppe: Im Mittelpunkt stehen immer ein oder mehrere Individuen, die man Held, oder Hauptfigur, oder Protagonist nennt. Die Odyssee ist die Geschichte von Odysseus (und seiner Freunde), „Krieg der Sterne" ist die Geschichte von Luke Skywalker (und seiner Freunde), „Der Medicus" ist die Geschichte von Rob Cole, und die Gründungsgeschichte von Siemens ist die Geschichte von Werner von Siemens. Die erste Frage, die man sich beim Geschichtenerzählen stellen sollte, lautet also: Wer ist der Protagonist der Geschichte? Wessen Geschichte ist es, die ich erzählen möchte, wer steht im Mittelpunkt? Manchmal ist diese Frage sehr leicht zu beantworten: Wenn Sie die Geschichte der Gründung Ihres Unternehmens erzählen möchten, ist klar, wer der Protagonist ist: Selbstverständlich der Gründer und Unternehmer. Wenn Sie aber die Geschichte eines neuen Produkts oder einer Dienstleistung erzählen wollen, haben Sie mehrere Möglichkeiten: Sie können den Entwickler des Produkts als Protagonisten in den Mittelpunkt stellen und die Geschichte der Erfindung dieses Produkts erzählen. Sie können aber auch einen Nutzer dieses Produkts zum Protagonisten machen und eine Geschichte aus seiner Perspektive erzählen: welche Herausforderungen er in seinem Alltag zu bewältigen hat und wie ihm das Produkt oder die Dienstleistung Ihres Unternehmens dabei hilft. Oder Sie stellen Ihr eigenes Unternehmen (oder seinen Geschäftsführer) in den Mittelpunkt und erzählen die Geschichte, wie das neu entwickelte Produkt zum Geschäftserfolg beiträgt. Hinter jedem Stoff stecken immer mehrere Geschichten, und die Entscheidung für den Protagonisten ist gleichzeitig die Entscheidung für eine von ihnen. Die Hauptfigur(en) festzulegen ist also die erste strategische Entscheidung, die Sie bei der Entwicklung der Story-Architektur treffen müssen.

Natürlich hängt diese Entscheidung auch immer vom Stoff ab: Mit welchem Protagonisten gibt der Stoff die beste Geschichte her? Oder erzähle ich verschiedene Geschichten mit unterschiedlichen Protagonisten für unterschiedliche Zielgruppen und Medien? In der Praxis des Storytelling ist es jedenfalls häufig so, dass man ein wenig herumprobieren, mit den Möglichkeiten experimentieren muss, bis man den am besten passenden Protagonisten für die Geschichte gefunden hat.

Sehen wir uns ein Beispiel an. Sie wollen eine Geschichte erzählen über einen neuen Versicherungstarif, den Ihr Unternehmen (eine Versicherung) auf den Markt bringt. Keine leichte Aufgabe – Finanz- und Versicherungsprodukte sind ja auf den ersten Blick ziemlich spröde Themen. Nehmen wir ein fiktives Beispiel: Ihr neues Versicherungsprodukt garantiert eine Versicherungsleistung bei einem Totalverlust Ihrer Computerdaten. Wir könnten nun als einen Protagonisten einen beliebigen Kunden wählen, nennen wir ihn Herrn K., und beispielsweise erzählen, welche Probleme und Schwierigkeiten er ohne seine persönlichen Daten hat. Für seinen neuen Computer schließt er dann diese Versicherung ab, in Zukunft wird er zumindest finanziell dafür entschädigt, wenn er sich um die Wiederherstellung seiner Daten kümmern muss. Die Geschichte mit diesem Protagonisten zu erzählen, ist natürlich in der Kundenkommunikation die erste Wahl.

In der internen Kommunikation könnte dagegen eine andere Geschichte interessanter sein: Die Geschichte der Mitarbeiter oder des Teams, die sich das neue Produkt ausgedacht hat: Was waren die Fakten, die ihn oder sie zum Nachdenken gebracht haben? Wie wurden mögliche Konkurrenzangebote recherchiert? Welche Hürden oder Herausforderungen stellten sich bei der Entwicklung der Policen? Eine dritte Geschichte könnte den strategischen Partner für das neue Produkt, einen Computerhersteller zum Beispiel, in den Mittelpunkt stellen und den Weg zu einem neuen Angebot aus seiner Sicht erzählen.

Damit ein Individuum oder eine Gruppe als Protagonist funktioniert, muss sie bestimmte Grundbedingungen erfüllen:

>> **Checklist: Kriterien für den Protagonisten einer Geschichte:**

- Der Protagonist muss im Rahmen des zu erzählenden Stoffs handeln und Entscheidungen treffen können: In der Regel ist es im Kontext der Unternehmenskommunikation keine gute Idee, einen Anti-Helden, einen „leidenden" Protagonisten in den Mittelpunkt einer Geschichte zu stellen – eine Person also, die wie ein Spielball den Kräften um sich herum ausgeliefert ist und selbst kaum mal die Initiative ergreift. In der Literatur vielleicht kennen Sie die Erzählungen und Romane Franz Kafkas) wird zwar mit solchen Protagonisten experimentiert (und zwar nach künstlerischen Maßstäben höchst erfolgreich). Für die Unternehmenskommunikation ist es jedoch wichtig, dass sich der Rezipient mit dem Protagonisten identifizieren kann – und das fällt bei einem rein passiven Helden weitaus schwerer. Damit sind wir schon beim zweiten Punkt:

- Der Protagonist sollte so angelegt sein, dass sich der Rezipient mit ihm identifizieren kann. Und das bedeutet:

- Der Protagonist sollte nah an der Wirklichkeit des Rezipienten sein – oder anders gesagt: Er sollte dem Rezipienten in irgendeiner Form ähnlich sein.

- Er sollte nicht zu stark idealisiert dargestellt sein. Auch wenn Sie den Gründer und Vorstandsvorsitzenden sehr schätzen: Als Protagonist der Unternehmensgeschichte sollte er dennoch wie ein „normaler" Mensch erscheinen und nicht wie ein Übermensch.

- Der Protagonist sollte eine möglichst interessante Persönlichkeit sein: Der Rezipient sollte an ihm Seiten entdecken können, die ihn faszinieren. Das bedeutet aber eben nicht, dass der Protagonist wie im Hollywoodfilm überlebensgroß sein muss, ein Alleskönner, dem das, was er anpackt, immer gelingt. Ganz im Gegenteil: Er sollte realistisch gezeichnet sein und sympathisch auftreten.

Der Held, sein Ziel und seine Helfer: Das Ensemble einer guten Geschichte

Es gibt natürlich Geschichten, die nur mit einer Person, eben dem Protagonisten, auskommen. „Robinson Crusoe" ist so eine Geschichte, zumindest bis zu dem Moment, an dem sein Gefährte Freitag auftaucht. In der Regel haben Geschichten mehrere Figuren, und das gilt besonders für Unternehmensgeschichten. Schließlich ist hier ja auch in besonderer Weise die Zusammenarbeit mit Kollegen, Partnern und Kunden gefragt, und nicht die autistisch-singulären Handlungen eines Einzelgängers, und wären sie noch so großartig. Die Figuren nehmen bestimmte Rollen im Verhältnis zum Protagonisten ein; man kann diese „Grundlandkarte" der wichtigsten Rollen und Funktionen folgendermaßen darstellen:

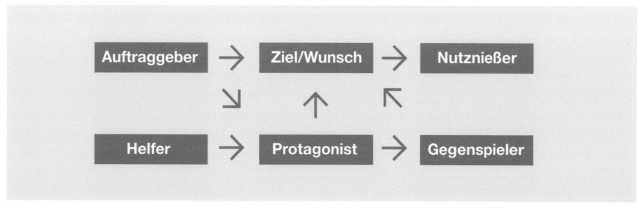

SCHAUBILD 4: DIE AKTANTEN EINER GESCHICHTE

Man nennt, nach dem französischen Erzähltheoretiker A. J. Greimas diese Landkarte auch das „Aktantenschema" einer Geschichte, denn sie gibt wieder, welche Akteure und Aktanten die Geschichte antreiben (vgl. Grimm 1996: 172). Über den Protagonisten haben wir uns schon ausgiebig Gedanken gemacht; sehen wir uns die anderen Aktanten einmal genauer an.

ZIEL/WUNSCHOBJEKT: Jeder Protagonist einer Geschichte hat ein bestimmtes Ziel, einen Wunsch, ein Objekt, das er erlangen möchte: Er möchte einen Schatz ausgraben (Indiana Jones), er möchte die Galaxis von Darth Vader und dem bösen Imperium befreien (Luke Skywalker in „Krieg der Sterne"), er will den Mörder fassen (der Kommissar in jedem Fernsehkrimi), oder sie möchte „Mr. Right" finden (die Heldin in einer Liebesgeschichte). Das Ziel kann sich der Protagonist selbst setzen („ich will den Schatz finden"), es kann ihm aber auch durch die Umstände aufgezwungen werden – etwa wenn der Protagonist von Gangstern entführt wird und sich nun wieder aus dieser misslichen Lage befreien muss. In jedem Fall ist es wichtig, dass der Protagonist ein Ziel/einen Wunsch hat. Säße er einfach nur zu Hause herum, würde nichts geschehen.

AUFTRAGGEBER: Häufig gibt es eine Instanz, die dem Protagonisten gewissermaßen den Auftrag gibt, ein Ziel bzw. sein Ziel anzusteuern. Das kann eine Einzelperson sein, die etwa den Detektiv beauftragt, eine Person zu finden oder ein Verbrechen aufzuklären. Der Auftraggeber kann aber auch eine Institution sein – etwa die Gesellschaft, die die Polizei stillschweigend beauftragt, ein Verbrechen aufzuklären. Und natürlich kann der Protagonist auch sein eigener Auftraggeber sein – in Unternehmensgeschichten ist das gar nicht so selten: Jemand hat die Nase voll vom Angestelltendasein und beschließt, sich selbstständig zu machen, ein eigenes Unternehmen zu gründen.

Manchmal können auch die Umstände der Auftraggeber sein, wie bei einem mir bekannten Unternehmer: Er war ein hochspezialisierter Ingenieur, der mit Mitte 50 arbeitslos wurde, weil sein Unternehmen das Geschäftsfeld, für das er spezialisiert war, aufgab. Einen neuen Job zu finden war sowohl vom Alter als auch von seiner Ausrichtung auf ein ganz eng umrissenes Gebiet her schwierig. Letztlich blieb ihm, wollte er nicht bei Hartz IV landen, nichts anderes übrig, als sich selbstständig zu machen. Er sprach mit seinem bisherigen Arbeitgeber, und da dieser das Spezialgebiet ohnehin aufgeben wollte, unterstützte er den Unternehmer in spe, auf genau diesem Gebiet eine Firma zu gründen. Heute, ein paar Jahre später, hat er über 30 Mitarbeiter und ist auf seinem Gebiet die Nummer 2 auf dem Weltmarkt.

NUTZNIESSER: Erreicht der Protagonist sein Ziel, hat irgendjemand etwas davon. Das kann natürlich er selbst sein – wenn er sich etwa aus den Händen der Entführer befreit, oder wenn es ihm gelingt, seine Geliebte zum Altar zu führen. Es können aber auch noch andere Personen oder Institutionen Nutznießer sein: Die Geliebte natürlich hat auch etwas davon, wenn der Protagonist sein Ziel erreicht (zumindest wenn wir einmal annehmen, dass er sich nicht kurz nach der Hochzeit als Supermacho entpuppt). Im klassischen Krimi vom Typus „Tatort" ist zum Beispiel die Gesellschaft Nutznießer, wenn ein Kommissar den Mörder dingfest macht: Es herrscht wieder Frieden, die Gefahr ist gebannt. Und wenn es Luke Skywalker gelingt, Darth Vader und das böse Imperium zu besiegen, zieht die ganze Galaxis mit all ihren so unterschiedlichen Bewohnern Nutzen aus diesem Erfolg.

HELFER: Häufig (nicht immer) hat der Protagonist auch noch einen Helfer, der ihn beim Erreichen des Ziels unterstützt. Klassiker der Helferrolle sind Sancho Pansa, der mit Don Quijote zum Kampf gegen die Windmühlen ausreitet, oder Doc Watson, der den genialen Sherlock Holmes auf Mörderjagd begleitet. Wir werden weiter unten noch sehen, dass die Helferrolle eine der fruchtbarsten in Unternehmensgeschichten ist: Denn wer anders als der Helfer seiner Kunden ist ein Unternehmen mit seinen Produkten?

GEGENSPIELER: Häufig gibt es einen Gegenspieler, der das gleiche Ziel wie der Protagonist anstrebt oder diesem aus irgendwelchen anderen Gründen in die Parade fährt. Darth Vader ist der Gegenspieler von Luke Skywalker, Julius Cäsar der von Asterix und Obelix, der Konkurrent der des Unternehmers. Viele Geschichten gewinnen ihre Spannung genau aus dem Gegensatz zwischen Protagonist und Gegenspieler: Der Wettlauf um einen Schatz, das Versteckspiel des Mörders vor dem Detektiv, das Ränkespiel des Nebenbuhlers, der in die gleiche Person verliebt ist wie der Protagonist. Der Gegenspieler kann aber wie der Auftraggeber auch unpersönlich sein: Die Finanzkrise, die einer hoffnungsvollen Geschäftsidee den Garaus zu machen droht, ein Wirbelsturm, der die neu gebaute Fabrik zerstört, etc.

Mit dem Aktantenschema als Landkarte hat man den ersten Schritt zur guten Geschichten gemacht. Nehmen wir an, die Firma (sagen wir: ein Computerunternehmen), in der Sie für Unternehmenskommunikation zuständig sind, hat ein neues Produkt (sagen wir: eine Armbanduhr, mit der man auch telefonieren und ins Netz gehen kann) entwickelt, und Sie würden gerne eine Geschichte erzählen, in der die Vorteile dieses Produkts und seine Anwendungsgebiete thematisiert werden. Um aus dieser noch etwas schwammigen Idee den Stoff für eine Geschichte zu gewinnen, können wir Schritt für Schritt vorgehen.

Schritt 1: Wer ist der Protagonist? Und was ist sein Ziel/Wunsch?

Die allererste Frage, die Sie stellen müssen, ist die nach dem Protagonisten und seinem Ziel bzw. Wunsch. Probieren wir die Möglichkeiten einmal durch. Die scheinbar naheliegende Möglichkeit ist natürlich, das Unternehmen selbst zum Protagonisten zu machen: Immerhin hat es ja die neue Uhr entwickelt und ist zu Recht stolz darauf. Das dazugehörige Ziel wäre dann eben die erfolgreiche Vermarktung des Produkts. Die Frage ist, ob das die Geschichte ist, die mögliche Zielgruppen wirklich interessiert, beziehungsweise mit der sich das Unternehmen als einzigartig darstellen kann? Vermutlich eher nicht – Unternehmen, die Produkte vermarkten, gibt es ja schließlich ziemlich viele. Eine gute Geschichte könnte mit diesem Protagonisten allerdings entstehen, wenn es irgendwelche besonderen Ereignisse oder Erlebnisse bei dieser Vermarktung gegeben hat – zum Beispiel ein Kopf-an-Kopf-Rennen mit einem Mitbewerber, das für Spannung sorgt.

Falls es im Unternehmen einen konkreten, individuellen Entwickler gibt, der die Uhr erfunden hat, könnte man die Geschichte mit ihm (oder ihr) als Protagonisten erzählen. Um sich dafür entscheiden zu können, bedarf es – wie im vorhergehenden Kapitel beschrieben – einer ausgiebigen narrativen Recherche.

Noch eine dritte Möglichkeit bietet sich an: einen potenziellen Kunden oder Nutzer der Uhr zum Protagonisten zu machen. In diesem Fall muss man das Ziel bzw. seinen Wunsch genau definieren: Was will er erreichen und wie hilft ihm die Uhr beim Erreichen dieses Ziels? Hat er ein bestimmtes Problem zu lösen, eine Herausforderung zu meistern, und ist die Uhr das richtige Werkzeug dazu? Hier sollte man die Produktvorteile analysieren und sehen, ob es darunter einen gibt, den man zum Ziel machen kann. Die Geschichte mit diesem Protagonisten hat – zumindest in der Endkundenkommunikation – den großen Vorteil, dass tatsächliche Kunden sich mit diesem Protagonisten identifizieren können.

Sie sehen: Meist gibt es mehrere Geschichten, die man aus einem bestimmten Stoff, einem Thema generieren kann, und die Entscheidung für einen Protagonisten ist auch die für ihre Basiskonstellation.

Schritt 2: Auftraggeber und Nutznießer

Auch diese Aktanten sind je nach Entscheidung für einen bestimmten Helden unterschiedlich besetzt. Ist das Unternehmen der Protagonist und wird die Geschichte der Markteinführung des neuen Produkts erzählt, dann ist entweder das Unternehmen selbst sein eigener Auftraggeber oder es sind die äußeren Umstände: etwa eine Veränderung der Marktlage, die das neue Produkt nötig gemacht hat. Und Nutznießer ist natürlich – neben den Kunden, die ein tolles neues Produkt benutzen können – ebenfalls das Unternehmen selbst: Es schreibt gute Gewinne.

Ist der Entwickler dagegen der Protagonist, ist das Unternehmen Auftraggeber und Nutznießer. Und in der Geschichte um den Kunden schließlich ist es ein bestimmtes Problem, eine Unzufriedenheit mit einer Situation oder eine neue Herausforderung, die das Produkt lösen kann. Zum Beispiel muss der Protagonist schon während der Bahnfahrt zur Arbeit Mails bearbeiten und kann dies mit Hilfe der neuen Uhr sehr viel besser und effizienter als mit seinem Smartphone – wobei wir in diesem Beispiel einmal dahingestellt lassen, warum das so ist. Auftraggeber wäre also hier eine bestimmte problematische Situation des Helden, die einer Lösung bedarf. Nutznießer ist in diesem Fall natürlich wiederum der Protagonist selbst.

Schritt 3: Helfer und Gegenspieler

Nun bleibt noch die Frage nach den beiden letzten verbliebenen Aktanten zu klären: Gibt es einen Helfer, der den Protagonisten dabei unterstützt, sein Ziel zu erreichen, und gibt es evtl. einen Gegenspieler, der das hintertreiben will? Im Fall der Besetzung der Protagonistenrolle mit dem Unternehmen wird man sich vielleicht gegen eine Helfer-figur entscheiden, denn man möchte natürlich darstellen, dass es das Unternehmen aus eigener Kraft, dank seiner Stärken schafft, das neue Produkt erfolgreich auf dem Markt zu platzieren. Im Fall der Geschichte um den Entwickler kann man natürlich seinem Team, anderen Abteilungen oder den Führungskräften in der Helferrolle einen würdigen Auftritt in der Erzählung verschaffen; auf den Gegenspieler wird man vermutlich verzichten (auch wenn es, wie sollte es anders sein, im Lauf des Entwicklungsprozesses interne Querelen und Intrigen gegeben hat); allenfalls könnte man einen Wettbewerber, der ein ähnliches Produkt entwickelt, als Gegenspieler aufbauen.

Wenn wir schließlich den Kunden als Helden nehmen, können wir die Helferrolle für das Unternehmen sehr vorteil-haft besetzen: Mit dem Unternehmen selbst – es hilft dem Protagonisten mit dem neu entwickelten Produkt seine Probleme zu lösen, sein Ziel zu erreichen. Und das ist natürlich die beste Rolle für das Unternehmen: ein Klassiker der Marketingkommunikation.

Natürlich müssten wir im Ernstfall bei den genannten Überlegungen noch stärker in die Tiefe gehen, die Fakten checken, die für die eine oder andere Geschichte sprechen, die Publikationskontexte reflektieren (in welchem Me-dium und für welche Zielgruppe soll die Geschichte veröffentlicht werden?), und natürlich das Kommunikationsziel: Soll das Image des Unternehmens gestärkt werden? Soll das Produkt vorgestellt oder beworben werden, die wirtschaftliche Stärke des Unternehmens in den Mittelpunkt gestellt werden? Ich denke, es ist deutlich geworden, wie man mit dem Aktantenschema spielen kann, um die verschiedenen möglichen Geschichten zu entdecken, die in einem Thema stecken, aber auch, um die möglichen Botschaften in Relation zu den Kommunikationszielen herauszuarbeiten.

>> **Checklist: Die Aktanten der Geschichte entwickeln**

- Über die möglichen Protagonisten reflektieren und sich für einen von ihnen entscheiden.

- Bestimmung des Ziels oder des Wunschobjekts, das der Protagonist erreichen will.

- Wer ist der (mögliche) Auftraggeber, wer der Nutznießer?

- Gibt es einen Helfer, der den Protagonisten unterstützt?

- Gibt es einen Gegenspieler, der dem Protagonisten das Leben schwer macht?

Anfang, Ende, Veränderung: Die Dramaturgie einer Geschichte

Mit den Aktanten haben wir das Ensemble, das in unserer Geschichte eine Rolle spielt, und die Basis-Landkarte, in der sie spielt. Nun gilt es, sie in Aktion zu setzen, dem Geschehen seinen Lauf zu lassen. Auch hier müssen wir uns mit den Grundbausteinen der Dramaturgie auseinandersetzen, um unsere Geschichte so bauen zu können, dass sie eine gute Geschichte wird.

Jede Geschichte hat einen Anfang, eine Mitte und ein Ende, hat schon Aristoteles im vierten Jahrhundert vor unserer Zeitrechnung in seiner „Poetik" geschrieben:

Wir haben festgestellt, dass die Tragödie die Nachahmung einer in sich geschlossenen und ganzen Handlung ist (...). Ein Ganzes ist, was Anfang, Mitte und Ende hat. Ein Anfang ist, was selbst nicht mit Notwendigkeit auf etwas anderes folgt, nach dem jedoch natürlicherweise etwas anderes eintritt oder entsteht. Ein Ende ist umgekehrt, was selbst natürlicherweise auf etwas anderes folgt, und zwar notwendigerweise oder in der Regel, während nach ihm nichts anderes mehr eintritt. Eine Mitte ist, was sowohl selbst auf etwas anderes folgt als auch etwas anderes nach sich zieht. Demzufolge dürfen Handlungen, wenn sie gut zusammengefügt sein sollen, nicht an beliebiger Stelle einsetzen noch an beliebiger Stelle enden, sondern sie müssen sich an die genannten Grundsätze halten. (Aristoteles 1982: 25)

Das klingt vielleicht etwas schlicht, beschreibt aber sehr genau die Grundstruktur jeder Geschichte. Man könnte das, was Aristoteles hier für die Tragödie ausführt, auch als das „1. Grundgesetz des Storytelling" bezeichnen.

Wenn jede Geschichte einen Anfang und ein Ende hat, ist klar, dass jede Geschichte zeitlich geordnet ist: Sie beginnt zu einem bestimmten Zeitpunkt, und sie endet zu einem anderen. Damit unterscheiden sich Geschichten von anderen Texten oder Medienprodukten, etwa einer Beschreibung, einem Factsheet, einer Gebrauchsanweisung oder einer Ergebnispräsentation (vgl. dazu auch Seite 34 f.). In Geschichten vergeht Zeit: Erst hat ein Entwickler eine Idee, dann experimentiert er mit verschiedenen Materialien, dann recherchiert er, schließlich hat er das neue Produkt fertig entwickelt. Man kann sich jede Geschichte so vorstellen, wie Kinder erzählen: Und dann..., und dann..., und dann.... Die einzelnen Begebenheiten einer Geschichte sind wie Perlen auf eine Schnur gereiht.

Nun kommt aber noch etwas sehr Wesentliches hinzu: Damit eine Geschichte für die Zuhörer interessant, spannend wird, muss es eine Veränderung zwischen dem Anfang und dem Ende geben: Irgendetwas muss geschehen, was entweder den Protagonisten oder die Welt um ihn herum oder beides verändert. Stellen Sie sich vor, jemand würde Ihnen Folgendes erzählen:

Herr Mannhuber verlässt sein Büro. Mit einem Stapel Papiere und einem Laptop unter dem Arm geht er den Flur entlang zum Besprechungsraum. Er betritt ihn, dort warten schon sein Chef und mehrere Kollegen auf ihn. Er hält seine Präsentation, danach wird noch ein Weilchen diskutiert. Schließlich verlässt Herr Mannhuber den Besprechungsraum wieder und geht zurück in sein Büro. Er setzt sich an seinen Schreibtisch und arbeitet weiter.

Diese Erzählung hat einen Anfang und ein Ende, und sie ist zeitlich strukturiert: mehrere Begebenheiten folgen aufeinander. Aber ich vermute, diese Erzählung langweilt Sie zu Tode: Es geschieht in ihr nichts, was über einen alltäglichen Routineablauf hinausgehen würde. So etwas interessiert niemanden.
Erzählen wir die Geschichte ein wenig anders:

Herr Mannhuber verlässt sein Büro und geht über den Flur in Richtung Besprechungsraum. Seine Knie fühlen sich weich an, seine Handflächen sind feucht. Als er den Besprechungsraum betritt, sieht er in viele erwartungsvolle Gesichter, unter ihnen das seines Chefs. Er weiß, dass die Präsentation, die er nun halten wird, nicht nur über die Zukunft seines Projekts, sondern auch seiner Karriere entscheiden wird. Er klickt durch die ersten Folien und merkt, dass ihm seine Zuhörer aufmerksam folgen. Langsam entspannt er sich. Am Ende klatschen alle begeistert Beifall, sein Chef ist voller Lob. Mit beschwingten Schritten kehrt Herr Mannhuber in sein Büro zurück; er ist sehr zufrieden und viel zu aufgeregt, um weiterarbeiten zu können.

Schon besser, nicht wahr? Hier geschieht eine tatsächliche Veränderung: Am Anfang ist Herr Mannhuber ängstlich und aufgeregt, am Ende ist er glücklich und zufrieden, weil er sein Projekt und seine Karriere gerettet hat. Und weil vermutlich jeder von uns schon Ähnliches erlebt hat, bringen wir auch so etwas wie Sympathie für Herrn Mannhuber auf und können seine Erleichterung nachfühlen.

Jede, ausnahmslos jede Geschichte, die es wert ist, erzählt zu werden, erzählt von einer Veränderung. Sie können alle Filme, die Sie gesehen, alle Romane, die Sie gelesen haben, vor Ihrem inneren Auge Revue passieren lassen: Sie werden in allen eine Veränderung finden, manchmal große, wie in Katastrophenfilmen, in denen die halbe Welt in Schutt und Asche gelegt wird, manchmal auch ganz kleine im Charakter des Protagonisten. Aber immer gibt es eine Veränderung, eine Transformation.

Und genau das ist es, was Aristoteles mit der „Mitte" gemeint hat: In der Mitte, irgendwo zwischen Anfang und Ende, gibt es ein Ereignis, das zentrale Ereignis der Geschichte, das die Veränderung auslöst. In unserer Beispielgeschichte sind es das Lob und der Beifall, die Herr Mannhuber für seine Präsentation bekommt. Sie lösen die Veränderung aus: Von der Angst zum Glück, vom gefährdeten Projekt zur geretteten Karriere.

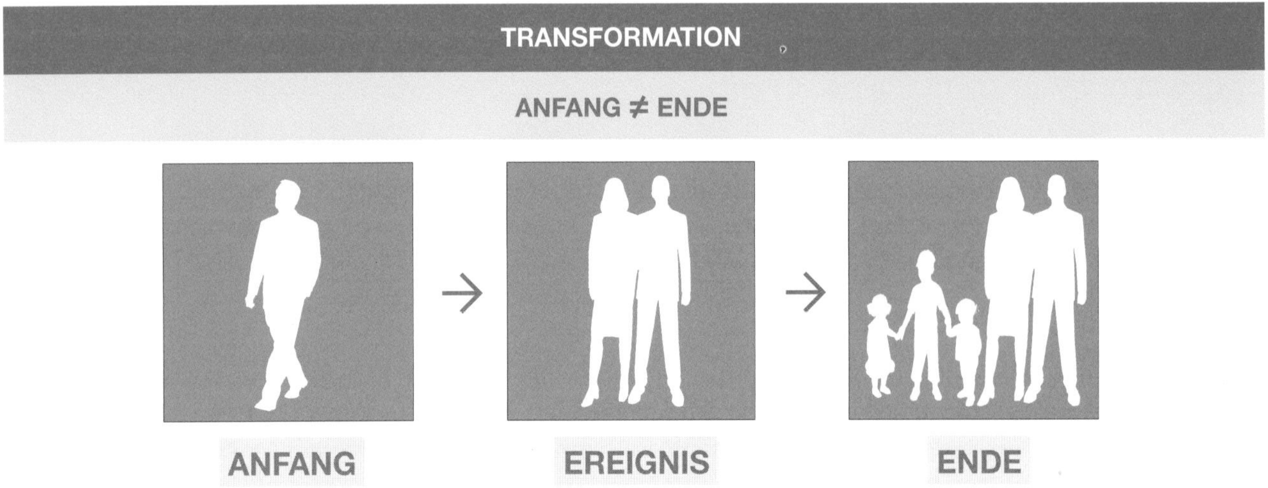

TRANSFORMATION

ANFANG ≠ ENDE

ANFANG → **EREIGNIS** → **ENDE**

SCHAUBILD 5: DIE GRUNDSTRUKTUR JEDER GESCHICHTE

Anfang, Ereignis, Ende: Über diese drei Elemente muss man sich klar werden, wenn man eine Geschichte gut erzählen will. Oft ist es gar nicht so leicht, zu bestimmen, wo die Geschichte anfangen soll und wo man sie beendet, gerade wenn man es mit authentischen, tatsächlich geschehenen Erlebnissen zu tun hat, über die man erzählen möchte. Denn der Fluss des Lebens ist (fast) ohne Anfang und (scheinbar) ohne Ende, und wenn wir eine Geschichte erzählen, greifen wir aus diesem Fluss ein Teilstück heraus. Wir müssen dabei versuchen, den Schnitt so zu machen, dass das Herausgeschnittene als Geschichte Sinn macht.

Anfang, Ereignis und Ende sind dabei aufeinander bezogen wie drei Variablen in einer Gleichung: Ändere ich eines dieser Elemente, muss ich meist auch ein anderes oder beide ändern. Lassen wir zum Beispiel unsere Geschichte von Herrn Mannhuber schon am Tag vor der großen Präsentation beginnen, bei einer Abstimmungsrunde unter den Projektmitarbeitern, die Herrn Mannhubers Präsentationsvorlage heftig kritisieren und ihn stark verunsichern. Er setzt sich mit seiner Vorstellung durch, ist aber verärgert und schwankend: Was wenn die Kollegen doch Recht hätten? Diese Zweifel tragen nicht wenig zu seiner Aufregung vor der Präsentation bei.

Wenn wir die Geschichte so anfangen lassen, müssen wir wohl auch das Ende verändern: Der Leser oder Zuhörer möchte wissen, wie Herr Mannhuber den kritischen Projektkollegen von seinem Triumph erzählt, und, wenn er ein etwas rechthaberischer Typ ist, ihnen auch deutlich zu verstehen gibt, dass er Recht behalten hat. Und wenn wir die traurige Geschichte vom Ende von Herrn Mannhubers Karriere erzählen wollen, also das Ende der Geschichte verändern, hätten wir auch ein anderes Ereignis: dann reagiert der Chef eben nicht mit Lob auf die Präsentation, sondern mit herber Kritik – und wir haben eine ganz andere Geschichte.

Man kann an diesen Beispielen sehen: Das Ende einer Geschichte muss immer auf den Anfang bezogen sein: Wenn Herr Mannhuber am Anfang aufgeregt und ängstlich ist, muss er am Ende entspannt und glücklich sein, oder aber (im Fall der Geschichte ohne Happy End) total deprimiert und aufgelöst. Was ich am Anfang erzähle, bestimmt mit, was der Leser oder Zuhörer am Ende erwartet.

Wenn man die Dramaturgie einer Geschichte entwickelt, muss man sich also genau mit den drei Elementen Anfang, Ereignis, Ende beschäftigen. Anders als Roman- oder Drehbuchautoren können wir in der Unternehmenskommunikation, bei der es ja um authentische Geschichten geht, diese Elemente nicht einfach erfinden oder uns so zurechtbasteln, bis alles passt. Die Lösung ist: Den Ausschnitt aus dem „Fluss der Begebenheiten" so zu wählen, das Anfang und Ende aufeinander bezogen sind und eine Transformation markieren, die durch ein Ereignis ausgelöst wird.

>> **Checklist: Basisfragen für die Entwicklung der Dramaturgie:**

1. Wo lasse ich die Geschichte beginnen, wo sie enden?

2. Sind Anfang und Ende aufeinander bezogen (passt die Endsituation thematisch zur Anfangssituation)?

3. Gibt es eine Veränderung vom Anfang zum Ende in der Situation des Protagonisten oder seiner Umwelt?

4. Welches Ereignis löst diese Veränderung aus?

Konflikte, Grenzüberschreitungen, Herausforderungen: Wie Geschichten spannend werden

Wenn wir nun unsere Geschichte nach den beschriebenen Kriterien aufgebaut haben, ist die Basis für eine gute Geschichte gelegt. Damit sie aber für den Leser, Hörer oder Zuschauer wirklich interessant und spannend wird, fehlt noch eine wesentliche Zutat: Eine Geschichte ist umso spannender, je stärker das zentrale Ereignis, das die Transformation auslöst, mit einem Konflikt, einer Herausforderung, einem Problem oder der Notwendigkeit, eine Grenze zu überschreiten, verbunden ist – und zwar für den Protagonisten.

TRANSFORMATION

 →  →

AUSGANGSZUSTAND   **EREIGNIS**   **ENDZUSTAND**

Herausforderung
Konflikt
Grenzüberschreitung

SCHAUBILD 6: SPANNUNG DURCH HERAUSFORDERUNGEN

Stellen Sie sich eine Liebesgeschichte vor, in der Hans sich in Marie verliebt. Irgendwann fragt er Marie, ob sie ihn heiraten wolle. Und Marie antwortet: Ja, machen wir, lass uns zum Standesamt gehen und das Aufgebot bestellen. Wenige Wochen später heiraten sie dann. Hier haben wir alle Basiselemente: Einen Anfang, eine Transformation (das Ja-Wort Maries) und ein Ende, das sich vom Anfang unterscheidet (am Anfang sind die beiden allein, am Ende verheiratet). Aber würden Sie für einen Liebesfilm mit dieser Geschichte ins Kino gehen? Sicher nicht – die Geschichte ist langweilig. Aber wenn Marie am Anfang Hans gar nicht so toll findet, er ihr vielleicht eher auf die Nerven geht, und Hans dann alles Mögliche anstellen muss, um sie zu überzeugen, dass er doch der Richtige ist – ihr Blumen schenken, Schmuck kaufen, sie zu einem Wellnesswochenende einladen – dann könnte der Film spannender werden: Im besten Fall fiebern wir dann mit, ob es Hans gelingen wird, seine Angebetete für sich zu gewinnen. Hans steht in dieser Variante vor einer Herausforderung. Seine Versuche, dieses Problem zu lösen, machen die Geschichte interessant.

Leider scheuen viele Unternehmen davor zurück, Sachverhalte in ihrem Kontext als „Problem" zu benennen ("Herausforderung" geht schon eher). Deshalb sind viele Geschichten, die Unternehmen erzählen, eher von diesem Typus:

Am Anfang waren wir sehr erfolgreich. Dann wurden wir immer erfolgreicher. Nach zehn Jahren waren wir super-erfolgreich. Und heute sind wir super-super-erfolgreich.

Das ist keine gute Geschichte! Das ist eine Geschichte, die allenfalls die interessiert, die sie erzählen, aber niemanden sonst. Sie hat keine Spannung, sie entwickelt sich nicht, sie bringt nichts Neues – kurz, sie lädt niemanden

ein, mitzufiebern, sich mit ihr zu identifizieren. Solche Geschichten wirken oft auch unglaubwürdig: Wir alle wissen aus Erfahrung, dass wir im Leben nur selten etwas geschenkt bekommen, dass Erfolge errungen werden müssen, und sie uns – so tüchtig man auch immer sein mag – nicht einfach in den Schoß fallen.
Vorsicht also vor „Success Stories" diesen Typs.

Natürlich erzählen wir in der Unternehmenskommunikation keine Geschichten, die schlecht ausgehen – das wäre ja dumm. Aber vor den Erfolg haben die Götter den Schweiß gesetzt, und den wollen die Rezipienten rinnen sehen. Also: Haben Sie keine Scheu, auch von Problemen (die natürlich gelöst werden) und Herausforderungen, die gemeistert werden, zu erzählen. Dann wird Ihre Geschichte eine wirklich gute Geschichte.

Tschechows Pistole und der englische Brief: Funktionalität und Motiviertheit von Ereignissen

Um einer Geschichte Schliff zu geben, sollten noch zwei Punkte beachtet werden, die ich „Tschechows Pistole" und den „englischen Brief" nenne.

Tschechows Pistole

Den ersten Punkt habe ich so benannt, weil der russische Schriftsteller und Dramatiker Anton Tschechow (1860 - 1904) einmal sinngemäß gesagt haben soll: „Eine Pistole, die im ersten Akt eines Theaterstücks an der Wand hängt, muss spätestens im dritten Akt abgefeuert werden." Wenn das nicht geschieht, fragt sich das Publikum nach dem Ende des Stücks, was denn diese verdammte Pistole an der Wand zu bedeuten hatte. Solche Überlegungen lenken von der eigentlichen Botschaft der Geschichte ab: Der Kopf des Zuschauers ist besetzt von dieser Pistole, die keinerlei Funktion für die Geschichte hat. Und genau in dieser Funktion besteht die Storytelling-Regel, die sich aus Tschechows Ausspruch ableiten lässt:

Storytelling-Regel: Alles, was in einer Geschichte vorkommt, muss eine Funktion für sie haben.

Man könnte diese Regel eine Art Ökonomie-Gebot für Geschichten nennen: Eine Geschichte wird umso besser, je weniger Überflüssiges und Unnötiges sie enthält.

Sehen wir uns noch einmal unsere Beispielgeschichte von Herrn Mannhuber aus den vorhergehenden Abschnitten an. Er war ja sehr aufgeregt auf dem Weg zu seiner entscheidenden Präsentation. Stellen Sie sich die Geschichte mit folgendem Einschub vor:

... über den Flur in Richtung Besprechungsraum. Seine Knie fühlen sich weich an, seine Handflächen sind feucht. Auf dem Flur kommt ihm Frau Fraumaier entgegen. Sie erzählt ihm entrüstet, dass es diesen Mittag in der Kantine wieder nur Nudeln gegeben habe, kein Fitzelchen Fleisch. Sie werde jetzt eine Petition aufsetzen, ob denn Herr Mannhuber bereit wäre, diese ebenfalls zu unterzeichnen? Herr Mannhuber murmelt zerstreut ein „Ja, ja" und eilt weiter. Als er den Besprechungsraum betritt, sieht er ...

So, wie sie hier erzählt wird, hat die Episode mit der guten Frau Fraumaier keinerlei Funktion für die Geschichte – denn sie hat keine Folgen. Wenn die Begegnung mit ihr Herrn Mannhuber aber so konfus gemacht hätte, dass er zu Beginn seiner Präsentation nur stammeln kann, dann hätte sie Folgen und somit eine Funktion – vielleicht ist das Stammeln ja einer der Gründe, warum seine Präsentation (in der zweiten Variante) so schlecht ankam.

> **Checklist: Funktionalität von Elementen**

1. Hat ein bestimmtes Element, eine Episode eine Funktion für den weiteren Verlauf der Handlung? Motiviert sie spätere Ereignisse oder das Verhalten einer der Figuren?

2. Oder hat dieses Element zwar keine relevante Funktion für die Handlung, aber eine für die Figurencharakteristik? Wird in dieser Szene ein wesentliches Charaktermerkmal des Protagonisten deutlich, das später in der Handlung zum Tragen kommt?

Denn manchmal kann eine Episode auch dazu dienen, den Protagonisten plastischer zu machen. In dem Film „No Country for Old Men" (2007) der Coen-Brüder gibt es eine Szene, in der der Killer Chigurh einen Tankstellenbesitzer durch unterschwellige Drohungen in Angst und Schrecken versetzt. Diese Szene hat für die weitere Handlung keine Funktion, der Tankstellenbesitzer taucht nicht mehr auf. Aber die Szene macht deutlich, was für ein gefährlicher, psychopathischer Kerl dieser Chigurh ist. Eventuell könnte sogar Tschechows Pistole eine Funktion haben, etwa um den Besitzer des Zimmers, in dem sie hängt, als gewalttätigen Waffennarren zu charakterisieren (aber dann müssten vielleicht noch ein paar Pistolen mehr an der Wand hängen). Wie auch immer: Man sollte mit solchen Dingen auf jeden Fall sparsam umgehen – weniger ist auch beim Storytelling oft mehr.

Der englische Brief

Die zweite Regel habe ich nach einer Notiz des englischen Schriftstellers William Somerset Maugham (1874 - 1965) den „englischen Brief" genannt. Maugham erwähnt in seinen Notizbüchern folgende Geschichte:

> Zwei junge Engländer arbeiteten auf einer abgelegenen Teeplantage in Indien. Einer der beiden – nennen wir ihn Clive – erhielt mit jeder Post einen Stapel Briefe, der andere – Geoffrey – bekam nie einen. Eines Tages bot Geoffrey seinem Freund fünf Pfund für einen Brief (das war damals viel Geld). „Natürlich", sagte Clive und breitete seine Post vor Geoffrey auf dem Tisch aus. „Such dir einen aus." Geoffrey sah die Briefe durch und zog einen heraus. Beim Abendessen fragte Clive seinen Freund ganz nebenbei, was in dem von ihm gekauften Brief gestanden habe. „Das geht dich nichts an," erwiderte Geoffrey. „Sag mir wenigstens, von wem er war", bat Clive. Doch Geoffrey weigerte sich, es ihm zu sagen. Die beiden Männer stritten eine Weile, aber Geoffrey gab nicht nach. Eine Woche später bot Clive Geoffrey die doppelte Summe, um den Brief zurückzukaufen. „Nicht um alles in der Welt", sagte Geoffrey und entfernte sich.
> (Zitiert nach Tobias 1999: 24)

Offenbar lässt uns die Geschichte, wenn sie so endet, unbefriedigt zurück. Maugham selbst notierte dazu: „Ich nehme an, dass ich so schriebe, wenn ich zu den modernen Schriftstellern unserer Tage gehören würde. Ich würde sie so aufschreiben, wie es ist, und es dabei belassen. Doch das geht mir gegen den Strich. Ich will, dass eine Geschichte eine Form hat, und ich sehe nicht, wie man ihr Form verleihen kann, wenn man sie nicht zu einem Ende bringt, einem Ende, das keinen Raum für Fragen lässt." (zitiert nach Tobias 1999: 24)

Was Maugham hier mit „Form" meint, ist, dass die Geschichte geschlossen ist in dem Sinn, dass alle Fragen, die der Leser berechtigter Weise an die Geschichte stellt, beantwortet werden. In der zitierten Geschichte gibt es gleich mehrere Fragen, die nicht beantwortet werden:

- Von wem war der Brief?
- Was stand in dem Brief?
- Warum weigert sich Geoffrey, diese Fragen zu beantworten?

Man könnte sich zusammenphantasieren, dass sich irgendein dunkles Geheimnis dahinter verbirgt, man möchte als Leser unbedingt wissen, wie die Geschichte weiter geht. Auf jeden Fall sind wir nicht zufrieden mit ihr, so wie sie uns erzählt wurde.

Wie Maugham ja in seinem Bemerkungen schon andeutet, gibt es in der modernen Literatur natürlich gar nicht so selten „offene" Geschichten, also Geschichten, die nicht zu Ende erzählt werden oder wesentliche Fragen offen lassen. Aus einer künstlerischen Perspektive mag so etwas durchaus sinnvoll sein, ich will das hier nicht diskutieren. Eines aber ist völlig klar: In der Unternehmenskommunikation können wir offene Geschichten dieser Art nicht gebrauchen – wir wollen ja unseren Rezipienten klare Botschaften vermitteln und sie nicht mit ihren Fragen im Regen stehen lassen.

Die Storytelling-Regel für Geschichten in der Unternehmenskommunikation, die sich daraus ableitet, lautet also:

> **Storytelling-Regel: Eine Geschichte sollte alle Fragen, die der Rezipient berechtigt an sie stellt, beantworten.**

Natürlich darf man diese Regel – wie fast alle Regeln – nicht allzu streng auslegen. Manchmal kann es Sinn machen, nicht alle Fragen zu beantworten, wenn man Spannung aufbauen will und die Geschichte später weitererzählen will. Viele Kampagnen bauen auf dieser Strategie auf und lassen zunächst den Rezipienten ratlos zurück – um aber später, evtl. in einem anderen Medium, die Fragen zu beantworten. Streng genommen muss man die Regel also ausweiten und sagen: Am Ende eines Geschichtenzyklus, einer Kampagne, müssen alle berechtigten Fragen der Rezipienten von der/den Geschichte(n) beantwortet sein.

Plot und Story: Eine Geschichte, viele Erzählungen

Eine letzte Unterscheidung brauchen wir noch für unseren Geschichten-Baukasten: die zwischen Plot und Story. Der Plot ist die Abfolge von Ereignissen, wie sie der Reihe nach geschehen sind: Zuerst hat Herr Mannhuber seine Präsentation angefertigt, dann ist er aufgeregt zum Besprechungsraum gegangen, dann hat er seine Präsentation gehalten, dann hat sein Chef ihn gelobt, dann ist er glücklich wieder zurück in sein Büro gegangen. Der Plot ist also die Geschichte, wie sie normalerweise erzählt wird, entlang der zeitlichen Perlenkette der Ereignisse.

Die Story ist dagegen die Art und Weise, wie ein bestimmter Plot präsentiert – also erzählt – wird. Und natürlich kann jeder Plot auf verschiedene Art und Weise erzählt werden. Zum Beispiel in verschiedenen Medien: Ein Roman wird verfilmt, aus ein und demselben Plot werden zwei verschiedene Stories. Denn einerseits dürfte der Film nur eine Auswahl der Geschehnisse des Romans bringen (er muss die Geschichte schließlich in 90-120 Minuten erzählen), und er muss notgedrungen konkretisieren: Während der Protagonist im Roman vielleicht nur als „40jähriger Mann mit braunem Haar" beschrieben wird, sieht er im Film aus wie Leonardo DiCaprio.
Wichtiger ist jedoch die Veränderung, die entsteht, wenn man in der Story die Reihenfolge der Geschehnisse des Plots verändert – indem man zum Beispiel am spannendsten Punkt zu erzählen beginnt, und das, was vorher geschehen ist, erst später präsentiert.

Herr Mannhuber weiß: Jetzt oder nie. Er ruft seine dritte Folie auf, die die Ergebnisse seines Projekts enthält. Wenn sein Chef diese Zahlen gut findet, dann hat er gewonnen. Er erläutert die Ergebnisse und beobachtet seinen Chef dabei. Mannhuber weiß: Sollte sich irgendwann ein zufriedenes Lächeln in dessen Gesicht schleichen, hätte er ihn überzeugt.
Am Morgen dieses Tages war ihm das noch überhaupt nicht klar gewesen. Ganz im Gegenteil: Er hatte massive Zweifel daran gehabt, ob seine Ergebnisse gut ankommen würden. Und er wusste: Ein Scheitern würde das Aus seiner Karriere bedeuten ....

Hier sieht man: Die Erzählung hat in der Mitte des Plots eingesetzt und hat den Anfang erst später nachgeholt. Das ist eine gute Möglichkeit, um Spannung zu erzeugen. Wir verlassen Herrn Mannhuber beim ängstlichen Beobachten des Gesichtsausdrucks seines Chefs, bekommen die Vorgeschichte serviert, und kehren dann irgendwann wieder zur spannenden Situation während der entscheidenden Präsentation zurück und erfahren, ob der Chef lächelt oder nicht.

Eine andere Möglichkeit wäre, die Geschichte vom Ende des Plots her zu erzählen:

> Wer heute über das Firmengelände von XY läuft und die vielen Gebäude und Mitarbeiter beobachtet, würde nicht ahnen, dass alles vor zehn Jahren mit zwei jungen Männern in einer Garage begann...

Man kann also mit dem Plot spielen, indem man verschiedene Stories daraus macht: Man kann chronologisch erzählen, man kann aber auch beim spannendsten Moment beginnen, oder mit dem Ende starten – je nachdem, wie es für den Rezipienten am interessantesten sein könnte.

Eine Anmerkung noch zu den Begriffen: In der Storytelling-Literatur werden die Begriff „Plot" und „Story" leider nicht einheitlich verwendet; was für den einen Autor der Plot ist, ist für den anderen die Story und umgekehrt. Wenn Sie also andere Bücher zum Thema lesen, achten Sie darauf, in welcher Weise dort das Begriffspaar benutzt wird.

Storyshaping: Geschichten auf den Punkt bringen

Wir haben nun alle wesentlichen Elemente für unseren Story-Baukasten zusammen. Wie man mit ihm Schritt für Schritt arbeiten kann, um eine „Roh-Geschichte" auf den Punkt zu bringen, möchte ich Ihnen nun unter dem schönen „denglischen" Titel „Storyshaping" vorstellen.

Schritt 1: Anfang und Ende festlegen

Jede Geschichte hat einen Anfang und ein Ende – und die erste strategische Entscheidung beim Storytelling ist die Festlegung darauf, wo die Geschichte beginnen und wo sie enden soll. Je nach dem, wie diese Festlegung ausfällt, bekommen wir andere Geschichten: Lassen wir die Geschichte von Mannhuber beispielsweise beginnen, als er den Auftrag bekommt, das Projekt zu bearbeiten? Oder erst kurz vor der Präsentation? Wenn wir die erste Variante wählen, haben wir auch ein anderes Ende als in der zweiten: Bei letzterer ist der Ausgang der Präsentation das Ende, bei ersterer der Abschluss des Projekts, und die Präsentation ist nur eine, vielleicht entscheidende, Episode.

Anfang und Ende müssen also zueinander passen, und es muss einen Unterschied zwischen der Situation am Anfang und am Ende geben: Etwas muss sich verändert haben. Man kann dies am besten überprüfen, indem man sich den Verlauf aufmalt:

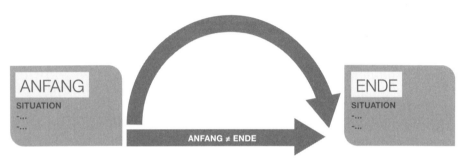

SCHAUBILD 7: STORYSHAPING: ANFANG UND ENDE BESTIMMEN

Schritt 2: Das zentrale Ereignis festlegen

Hat man sich klar gemacht, wo der Plot anfangen und wo er wieder aufhören soll, dann sollte man sich überlegen, was das zentrale Ereignis in der Geschichte ist, das die Transformation vom Anfang zum Ende auslöst: In den verschiedenen Varianten der Geschichte von Herrn Mannhuber in den vorhergehenden Abschnitten ist es einmal die Manöverkritik seiner Kollegen, die ihn so durcheinandergebracht hat, dass er in der Präsentation zu versagen fürchtet. In einer anderen Version ist es die Reaktion des Chefs auf seine Präsentation, die die Veränderung (vom hoffnungsvollen Mitarbeiter zum Verlierer ohne Karrierechancen) auslöst.

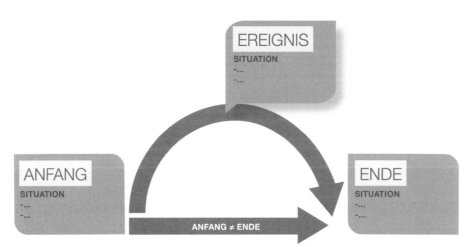

SCHAUBILD 8: STORYSHAPING: DAS EREIGNIS FESTLEGEN

Schritt 3: Den Spannungsbogen entwickeln

Manchmal liegt das zentrale Ereignis ganz am Anfang der Geschichte, manchmal in der Mitte, manchmal am Ende. In dem Actionfilm „Die Höllenfahrt der Poseidon (1972) zum Beispiel erleidet das Passagierschiff „Poseidon" schon am Anfang Schiffbruch (zentrales Ereignis), doch der Spannungsbogen entwickelt sich erst danach: Wird es die im Schiffsrumpf eingeschlossene Gruppe schaffen, sich zu befreien? In sogenannten „Heist"-Filmen, bei denen es meist um einen raffiniert eingefädelten Bankraub geht, steht das zentrale Ereignis (der geglückte oder missglückte

Raub) am Ende, und der Spannungsbogen entwickelt sich davor: Wird es die Gang schaffen, die Sicherheitsvorkehrungen der Bank auszutricksen? In beiden Fällen lebt die Geschichte davon, dass der Spannungsbogen Schritt für Schritt entwickelt und den Zuschauern präsentiert wird. Wenn ein Film nur den Beschluss einer Bande, die Bank zu bestehlen, zeigen würde, und dann schon den glücklich verlaufenden Bankraub, wäre der Film langweilig. Nein, wir wollen all die Schwierigkeiten und Probleme miterleben, die die Räuber überwinden müssen, um an ihr Ziel zu kommen.

In den Stories aus der Unternehmenskommunikation werden wir natürlich nicht derart ausgefeilte Spannungsbögen haben, aber trotzdem ist es wichtig, den Leser oder Rezipienten den Weg des Protagonisten zu seinem Ziel miterleben zu lassen. Manchmal reicht ein Satz, um Spannung aufzubauen. Vergleichen Sie einmal folgende beiden Varianten unserer Mannhuber-Geschichte:

1. ...Auf dem Weg zur Präsentation war Herr Mannhuber aufgeregt. Dann betrat er den Besprechungsraum. Sein Chef und seine Kollegen waren alle schon da. ...

2. ...Auf dem Weg zur Präsentation spürte Herr Mannhuber, wie seine Beine fast nachgeben wollten. Er schwitzte. Und dann kam ihm auch noch Frau Fraumaier in die Quere und verwickelte ihn in eine überflüssige Diskussion über das Kantinenessen. Ruppig verabschiedete er sich von ihr. Schließlich war er vor dem Besprechungsraum angekommen und öffnete mit feuchten Händen die Tür. Sein Chef und seine Kollegen waren schon da; Mannhuber fühlte ihre erwartungsvollen Blicke wie Nadeln auf seiner Haut ...

Die 2. Version ist spannender, weil sie die Aufregung Mannhubers bildhafter darstellt und genauer miterleben lässt; man zittert mit ihm mit.

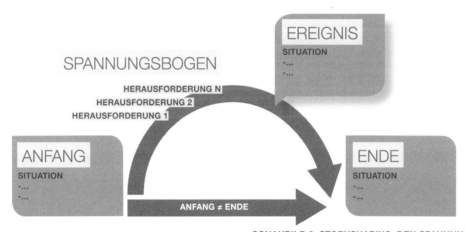

SCHAUBILD 9: STORYSHAPING: DEN SPANNUNGSBOGEN ENTWICKELN

Wenn Sie in dieser Art die Grunddramaturgie Ihrer Geschichte aufgezeichnet haben, haben Sie gewissermaßen den Fahrplan für Ihre Story: Jetzt können Sie daran gehen, die Geschichte umzusetzen: Sie zu schreiben – als Text, als Drehbuch für einen Unternehmensfilm, als Graphic Novel oder in welchem Medium auch sonst Sie erzählen wollen.

Geschichten in tausend Gestalten – Dramaturgien des Erzählens

Sie kennen jetzt die Grundstruktur jeder Geschichte und Sie wissen, worauf Sie achten müssen, damit aus einem Erlebnis, einem Geschehnis, eine gute Geschichte wird. Diese Grundstruktur und ihre Elemente sollten Sie immer im Hinterkopf haben, wenn Sie daran gehen, eine Geschichte zu erzählen, egal, in welchem Medium, ob in einer Kundenzeitschrift, im Unternehmensfilm, als Audiodatei oder in Social Media. Auf der Basis dieser Grundstruktur gibt es natürlich zahlreiche Möglichkeiten, Geschichten in unterschiedlichster Weise zu erzählen – Literatur und Film, besonders die experimentellen Formen unter ihnen, zeigen ja, was alles möglich ist. Nicht alle diese Formen sind auch für die Unternehmenskommunikation geeignet – Geschichten, die zu stark mit den Erwartungen der Rezipienten brechen, zu ungewöhnlich sind oder von ihnen zu viel „Arbeit" (Denken, Rekonstruieren) verlangen, sind für die Unternehmenskommunikation Gift. Denn anders als bei der Lektüre eines Romans oder dem Besuch eines Kinofilms entscheidet sich der Leser oder Zuschauer nicht spontan und aus eigenem Antrieb für unsere Geschichte; er hat entweder ein beruflich motiviertes Informationsbedürfnis, oder er stößt zufällig auf die Inhalte und bleibt an ihnen hängen, was nur gelingt, wenn wir es ihm so leicht wie möglich machen.

Dennoch gibt es unterschiedliche Formen, um eine Geschichte zu erzählen; die für Unternehmenskommunikation und PR erprobtesten möchte ich Ihnen in der Folge vorstellen.

Die chronologische Erzählung

Die einfachste und natürlichste Art ist die Erzählung in der zeitlichen Abfolge – wir haben ja darüber schon im Zusammenhang mit der Unterscheidung zwischen Plot und Story gesprochen. Die chronologische Erzählung ist in aller Regel die erste Wahl, wenn wir Geschichten erzählen. Sie beginnen am Anfang und erzählen Schritt für Schritt bis zum Ende der Geschichte.

> ### » Checklist: Wann eignet sich die chronologische Erzählung?
>
> - Wenn Sie erzählen wollen, wie sich ein bestimmter Ablauf (ein Prozess, ein Projekt, die Entwicklung eines Produkts etc.) der Reihe nach abgespielt hat;
>
> - Wenn die Entwicklung der Ereignisse im Mittelpunkt Ihres Erzählinteresses steht.

Die „Medias-in-Res"-Erzählung

Ebenfalls schon erwähnt wurde die Erzählung, die in der Mitte des Plots einsetzt und dann den Beginn der Geschichte nachholend erzählt. Diese Dramaturgie eignet sich, wie wir bereits wissen, um Spannung aufzubauen:

Man zieht den Rezipienten im interessantesten Moment in die Geschichte hinein, lässt die spannende Situation offen, erzählt dann den Anfang, kommt wieder auf die Situation zurück und erzählt schließlich das Ende der Geschichte. Ein schönes Beispiel für die Medias-in-Res-Erzählung entstand bei einem Storytelling-Workshop mit Kundenberatern einer Bank, in dessen Verlauf eine Teilnehmerin sinngemäß folgende Geschichte erzählte:

> Ich war auf einer privaten Party bei Leuten, die ich nicht besonders gut kannte, einer großen Party mit sehr vielen Gästen. Irgendwann musste ich zur Toilette und ging durch den Flur in Richtung des „stillen Örtchens". Da sehe ich auf einmal jemanden auf mich zukommen, erkenne ihn – und bekomme einen heillosen Schreck: Diesen Mann hatte ich gehofft, nie wieder sehen zu müssen – und ich kann ihm in dem engen Flur nicht ausweichen. Ich fühle mich in der Falle.
>
> Drei Jahre vorher war dieser Mann bei mir im Büro gesessen und wollte – es war in Zeiten eines Börsenhypes – von mir einen größeren Kredit, um Aktien zu kaufen. Ich musste ihm diesen Kredit verweigern, und er war stinksauer. Er hat mich wüst beschimpft und sich bei meinem Chef über mich beschwert, was für mich ziemlich unangenehme Folgen hatte. Und genau dieser Mann kommt nun auf mich zu, kommt immer näher, meine Angst wächst, und als er mich erreicht hat, streckt er die Hand aus und sagt. „Danke, Frau X., dass Sie mich damals vor diesem Blödsinn bewahrt haben!"

Auf diese Weise erzählt, wirkt die Geschichte sehr viel spannender, als wenn man sie chronologisch von Anfang an erzählt hätte (was natürlich ebenfalls möglich wäre). Die Medias-in-Res-Erzählung hat folgende Grundstruktur:

1. Beginn der Erzählung bei der Anbahnung des zentralen Konflikts (der Mann kommt auf die Erzählerin zu);
2. Der Konflikt treibt dem Höhepunkt zu (sie kann ihm nicht mehr ausweichen);
3. Abbruch vor der Lösung des Konflikts und rückblickende Erzählung des Beginns der Geschichte (der Mann sitzt im Büro der Erzählerin und will einen Kredit);
4. Zurück zum Konflikt und Auflösung des Konflikts (der Mann bedankt sich);
5. Erzählen des Endes der Geschichte (in unserem Beispiel endet die Geschichte schon mit der Auflösung des Konflikts; sie könnte in anderen Fällen aber auch noch weiter gehen, zum Beispiel damit, dass der Mann so dankbar ist, dass er der Erzählerin einen neuen Auftrag anbietet).

Die Geschichte könnte man strategisch etwa nutzen, wenn man in einer Verkaufsschulung die Botschaft untermauern will, dass das Kundenwohl nicht immer identisch ist mit dem, was der Kunde in einem bestimmten Moment will.

> **» Checklist: Wann eignet sich die Medias-in-Res-Erzählung?**

- Wenn die Geschichte einen spannenden zentralen Konflikt aufweist;

- Wenn man die Aufmerksamkeit der Rezipienten von Anfang an fesseln möchte;

- Wenn sich aus der Lösung des Konflikts die zentrale Botschaft der Geschichte ergibt.

Die Gondelbahn-Geschichte

Die Dramaturgie der Gondelbahn-Geschichte (den Begriff habe ich gefunden bei Lampert/Wespe 2011: 126) ist immer dann eine gute Wahl, wenn das Thema bzw. der Stoff, der kommuniziert werden soll, keine einheitliche Geschichte ergibt, oder wenn man mehrere kleine Geschichten hat, die ein Thema illustrieren können.

Das Prinzip der Gondelbahn-Erzählung ist ganz einfach: Mehrere kleine Geschichten werden wie Gondeln an das Seil des Themas gehängt und veranschaulichen unterschiedliche thematische Aspekte. Ein Beispiel: Ihre Aufgabe ist es, die Vorteile eines Prozesses zu kommunizieren, der einen Wandel der Unternehmenskultur zum Ziel hat. Sie können dann in einen sachlichen Text, der die Hintergründe, Ziele, Auswirkungen etc. des Prozesses beschreibt, mehrere kleine Geschichten einstreuen, die darstellen, wie sich der Kulturwandel auf verschiedene Personen im Unternehmen auswirkt.

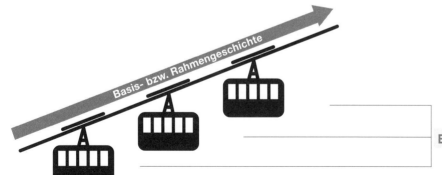

EINGEBETTETE GESCHICHTEN

SCHAUBILD 10: GONDELBAHN-GESCHICHTE

Der Text könnte etwa so beginnen:

Nach einem Vorstandsbeschluss vom 12.2.2014 war der Kulturwandel notwendig geworden, um die Prozesse des Unternehmens und das Verhalten der Mitarbeiter den neuen Herausforderungen einer zunehmend digitalen Gesellschaft anzupassen. Flachere Hierarchien, Entbürokratisierung und eine konsequente Ausrichtung aller Aktivitäten auf die Kundenbedürfnisse waren die Bausteine dieses Prozesses.
(Kommentar: Diese Informationen sind notwendig, um die Gründe zu verstehen, wirken aber etwas abstrakt. Um sie mit Leben zu erfüllen, leistet hier eine Gondel-Geschichte gute Dienste:)
Matthias Mannhuber, Mitarbeiter im Vertrieb seit mehr als zwanzig Jahren, musste bis vor kurzem für jedes Angebot drei Unterschriften (von seinem Chef, dessen Chef und von der Einkaufsabteilung) einholen und zudem mindestens fünf verschiedene Antragsformulare ausfüllen. Dies führte dazu, dass es oft sehr lange dauerte, bis ein konkretes Angebot wirklich beim Kunden war. Mannhuber erinnert sich zum Beispiel an die Verhandlungen mit der Schmidt KG, einem mittelständischem Unternehmen, bei dem man unter Zeitdruck stand. Der Einkauf der Firma rief jeden Tag bei ihm ungeduldig an, aber es dauerte eine Woche, bis er alle Unterschriften zusammen hatte. Die Schmidt KG war nahe daran, abzuspringen, drohte damit, zu einem Wettbewerber zu gehen. Nur durch seine guten persönlichen Beziehungen zu dem Einkäufer konnte Mannhuber den Auftrag damals für das Unternehmen retten. Seit der Umstellung auf die neuen Prozesse kann Mannhuber einen Auftrag innerhalb von einem Tag fertigmachen; eine Krise wie mit der Schmidt KG wird es damit nicht mehr geben.
Die neuen Prozessregeln hinter der Auftragserstellung sind folgende...

Man könnte die eingebettete Geschichte von der Auftragserstellung bei der Schmid KG nun noch weiter ausbauen, sie evtl. auf einen dramatischen Moment hin zuspitzen – aber ich denke, das Beispiel macht klar, wie eine Gondelbahn-Geschichte funktioniert. Nach einem weiteren erklärenden Teil, in dem die Prozessänderungen beschrieben werden, käme dann die nächste eingebettete Geschichte, die etwa die Vorteile für den Einkauf sinnfällig macht, und so weiter. Die Dramaturgie der Gondelbahn-Geschichte befreit also einerseits von dem Druck, alle Inhalte und Fakten in eine einzige große Geschichte packen zu müssen, und bietet andererseits die Chance, einen Sachverhalt aus mehreren unterschiedlichen Perspektiven erzählen zu können.

> **Checklist: Wann eignet sich die Gondelbahn-Geschichte?**

- Wenn sich die zu kommunizierenden Fakten nicht in einer einzigen Geschichte darstellen lassen;

- Wenn ein Stoff sich dafür anbietet, unterschiedliche Perspektiven zu umreißen (das können in der internen Kommunikation etwa Umorganisationen, Prozessdarstellungen, in der externen Kommunikation die Entwicklung neuer komplexer Produkte sein);

- Wenn es politisch angebracht ist, unterschiedliche Stimmen aus dem Unternehmen zu Wort kommen zu lassen.

Die Vorher-Nachher-Geschichte

Manchmal hat man einfach nur einen Sachverhalt, den man kommunizieren soll, ohne Personen dahinter, die sich als Protagonisten eignen und ohne – zumindest auf den ersten Blick – zeitliche Struktur, die Anfang und Ende eines Plots abgeben können: Ein neues Produkt kommt auf den Markt. Eine neue Niederlassung des Unternehmens in der Stadt X wurde gegründet. Das Unternehmen wurde für sein soziales Engagement mit einem Preis ausgezeichnet. Man kann diese Sachverhalte natürlich einfach als Nachricht kommunizieren. Man kann aber auch eine Geschichte darum herumbauen und so die Vorteile des Storytelling nutzen – und zwar als Vorher-Nachher-Geschichte. Dieses dramaturgische Modell nutzt die Tatsache, dass immer ein Zustand existiert, bevor es dieses Neue gibt, und ein Zustand, nachdem es dieses Neue gibt. Am konkreten Beispiel: Ein neues Produkt will ja immer einen Mangel beheben – sonst würde es niemand entwickeln und man würde sich dafür auch keine Chancen auf dem Markt ausrechnen: Ein neues Automodell bietet etwas, das die alten nicht zu bieten hatten, es ist sparsamer, kleiner, größer, schneller, sicherer oder es hat zumindest das neue xy-Feature, auf das der Hersteller stolz ist. Und rund um diese Neuheit kann man nun folgende Geschichte erzählen: Wie war es früher, bevor das neue Produkt auf dem Markt war? Und wie ist es jetzt, nachdem es auf dem Markt ist? Wieder an einem fiktiven Beispiel illustriert – sagen wir, an dem eines Smartphones mit Gesichtserkennung:

Worüber sich Herr Maier schon oft geärgert hatte, war sein schlechtes Gedächtnis für Gesichter. Immer wieder passierte es ihm, dass jemand freudestrahlend auf ihn zukam und ihn begrüßte, und ihm fiel nicht mehr ein, ob und woher er diesen Menschen kannte. Das führte häufig zu äußerst peinlichen Situationen. Einmal sogar zu einem Nachteil mit verheerenden Folgen: Maier verwechselte seinen neuen obersten Chef (man muss zu seiner Entschuldigung sagen, dass er ihn nur einmal, und zwar von weitem gesehen hatte) mit einem Kollegen aus einer anderen Abteilung und duzte ihn. Der Chef war nicht erfreut. Dann gab ihm jemand den Tipp mit dem neuen Smartphone mit Gesichtserkennung: Die Kamera scannt das Gesicht, sucht im Internet und in der eigenen Kontaktliste nach entsprechenden Bildern und zeigt in Sekundenschnelle den Namen des Betreffenden an. Seitdem konnte Maier peinlichen Situationen entgehen, und ein schlechtes Personengedächtnis ist für ihn kein Thema mehr.

Lassen wir das Thema der technischen Machbarkeit und des Sinns dieses Produkts einmal außen vor: Aber nach diesem Prinzip kann man zu jeder Neuigkeit eine Geschichte erzählen. Man kann dazu einen fiktiven Kunden wie in unserem Beispiel erfinden (abgeleitet etwa von den Zielgruppendefinitionen, die die Marketingabteilung ohnehin entwickelt hat), oder man kann etwas abstrakter von einem kollektiven Protagonisten erzählen: Alle Menschen mit schlechtem Personengedächtnis kennen solche peinlichen Situationen: Man steht plötzlich jemandem gegenüber und weiß ums Verrecken nicht mehr, wie er heißt, etc.

Die Vorher-Nachher-Geschichte wird übrigens auch in der Werbung häufig benutzt – denken Sie nur an Wasch- oder Putzmittelspots.

>> **Checklist: Wann eignet sich die Vorher-Nachher-Geschichte?**

- Wenn es etwas Neues zu berichten gilt, man aber auf den ersten Blick keine Geschichte zur Verfügung hat;

- Wenn man die wichtigsten Vorteile einer Innovation (sei es ein Produkt, sei es ein Prozess) sinnfällig kommunizieren will;

- Wenn man in der Kommunikation gezielt die Perspektive der Nutznießer (Kunden, Mitarbeiter) einnehmen will.

Der Berichterstatter als Protagonist

Das nächste dramaturgische Modell auf unserer Liste eignet sich besonders, wenn in der Kommunikation Wissen zu einem bestimmten Thema vermittelt werden soll; nicht umsonst wird es häufig in Wissensmagazinen und Reportagen eingesetzt.

Das Prinzip ist einfach: Wir erzählen die Geschichte des Berichterstatters (also Ihre Geschichte) auf dem Weg zur Wissensmehrung.

Beispiel: Sie möchten eine Geschichte darüber schreiben, wie Ihr Unternehmen ökologisch verantwortungsvoll mit Abfällen und Abwässern umgeht. Zu Beginn der Geschichte stellen Sie sich als Schreiber gewissermaßen vor die Kamera (im Fernsehen beginnt die Vorher-Nachher-Geschichte tatsächlich mit einer Ansage des Reporters vor der

Kamera) und erklären, dass Sie jetzt einmal herausfinden möchten, welche Abfälle und Abwässer im Unternehmen entstehen und wie sie entsorgt werden. Und als erstes lassen Sie sich von Industriemeister Schmidt zeigen, wo die Abfälle produziert werden.

Mit Zitaten von Industriemeister Schmidt garniert, wird erklärt, wo die Abfälle herkommen, und dann geht es weiter zur nächsten Station, wo die Abfälle gesammelt werden, und so weiter. Und immer spricht der Reporter mit Menschen, die für diesen Arbeitsbereich verantwortlich sind, lässt sich Dinge erklären, stellt Fragen und kann seinen Wissensgewinn kommentieren: „Aha, jetzt habe ich kapiert, dass..." oder „Das hätte ich nie gedacht, dass das so komplex ist..." Der Vorteil dieser Dramaturgie ist, dass man den Leser oder Zuschauer Schritt für Schritt mitnimmt auf dem Weg zur Information. Man kann in Form einer Geschichte alles genau erklären, und der Reporter als Protagonist ist gleichzeitig der Mentor und Helfer für den Leser. Die Dramaturgie des Reporters als Protagonist erzählt also eine Geschichte auf einer Ebene, auf der wir normalerweise unsere Geschichten finden: Es ist, wenn man so will, die Geschichte einer Forschungsreise zu einem bestimmten Wissensgebiet.

> **Checklist: Wann eignet sich die Dramaturgie des Berichterstatters als Protagonist?**

- Wenn man Wissen über bestimmte Abläufe vermitteln möchte;

- Wenn auf der Ebene des Stoffs keine Geschichte zu finden ist;

- Wenn man das Wissen mehrerer Personen über einen komplexen Prozess integrieren will.

Die Heldenreise

Kommen wir ganz am Ende unseres Rundgangs durch die Story-Dramaturgien noch zu einer, die äußerst vielfältig und fruchtbar eingesetzt werden kann: Die Heldenreise.

Das Prinzip der Heldenreise wurde von dem amerikanischen Mythenforscher Joseph Campbell entdeckt, der in der Mitte des letzten Jahrhunderts die Mythen, Sagen und volkstümlichen Erzählungen aller möglichen Kulturen – von den afrikanischen über asiatische und indianische bis hin zu den Sagen der alten Griechen und Römer – vergleichend untersucht und dabei festgestellt hat, dass sehr viele dieser Geschichten eine ähnliche Struktur haben: die der Heldenreise (vgl. Campbell 1999).

Zunächst war Campbells Entdeckung nur im engen Kreis der Mythenforscher bekannt; populär bei professionellen Storytellern wurde sie erst durch den Regisseur George Lucas, der sein Science-Fiction-Epos „Krieg der Sterne" (ab 1977) konsequent nach dem Muster der Heldenreise aufbaute. Seitdem wird diese Form der Erzählung häufig in Hollywood verwendet, aber auch im Fernsehen oder im Journalismus: Beiträge in Wissensmagazinen wie z.B. „Galileo" werden vielfach nach dem Muster der Heldenreise strukturiert, aber auch Reportagen, Scripted-Reality-Sendungen bis hin zu Casting-Shows: Auch „Germany's Next Topmodel" ist nichts anderes als eine Inszenierung nach dem Typus einer Heldenreise.

Aber bevor wir weiter auf die vielfältigen Verwendungsmöglichkeiten der Heldenreise eingehen, sehen wir uns erst einmal ihren typischen Ablauf an, wobei sich die folgende Darstellung eng an die Darstellung in unserem Buch Frenzel/Müller/Sottong 2014: 121 ff. anlehnt.

| Der Ruf des Abenteuers | → | Aufbruch ins Unbekannte | → | Weg der Prüfungen | → | Eroberung des Schatzes | → | Die Rückkehr |

SCHAUBILD 11: DIE HELDENREISE

Der Ruf des Abenteuers

Eine Heldenreise fängt immer damit an, dass der Held in seiner normalen Welt ein ganz alltägliches Leben führt. Im Märchen oder der Heldensage genießt etwa der König seine Tage auf dem Schloss. In einem Unternehmen geht alles seinen geregelten Gang. Und dann kommt eine Nachricht, die die Ruhe zerstört: Die Prinzessin ist vom Drachen entführt worden! Oder eine Führungskraft hat die Idee für ein ganz neues Produkt. Oder aber: Ein Angestellter sieht sich mit der Situation konfrontiert, sich selbstständig zu machen.

Der Aufbruch ins Unbekannte

Der Held folgt dem Ruf und bricht auf zu seiner Heldenreise. Der Märchenprinz reitet in den Abenteuerwald, um die Prinzessin vom Drachen zu befreien. Der Produktentwickler organisiert die Ressourcen, die er braucht, um seine Idee umzusetzen. Und der zukünftige Unternehmer kündigt seine Stelle und beginnt, einen Businessplan zu entwickeln. Der Held überschreitet immer eine Grenze: Er bewegt sich ins Unbekannte. Und häufig begegnet er dabei einem Schwellenhüter – einer Instanz, die ihn an der Grenze zurückweisen will: Der Prinz einem bösen Zauberer, der ihn nicht in den Abenteuerwald lassen will. Der Entwickler einem Rivalen, der ihm seinen Erfolg missgönnt. Und der Unternehmer vielleicht seinem Bankberater, der ihm keinen Kredit geben will. Erst wenn der Held den Schwellenhüter überwindet, kann das Abenteuer richtig losgehen.

Der Weg der Prüfungen

Die längste Phase jeder Heldenreise ist der Weg der Prüfungen. In ihr begegnet der Held all den Herausforderungen, die er meistern muss, um zum Ziel zu kommen. Der Märchenprinz muss vielleicht gegen Hexen, Zwerge und Riesen kämpfen, der Entwickler gegen die Tücke des Objekts, und der Unternehmer sieht sich von Mitbewerbern, von Investoren, die abspringen, oder neuen gesetzlichen Regelungen herausgefordert.

Der Schatz

Schließlich ist der Held am Ziel seiner Reise – nach einer letzten großen Anstrengung gewinnt er den Schatz, das Wunschobjekt, für das er so viele Gefahren bestanden hat: Die Prinzessin ist befreit, das neue Produkt fertig entwickelt, das Unternehmen gegründet. Damit ist das Abenteuer zu Ende, könnte man meinen. Doch es fehlt noch etwas.

Die Rückkehr

Der Held hat zwar den Schatz gefunden, aber noch befindet er sich mitten im Abenteuerwald und muss den Schatz noch heil nach Hause bringen. Es genügt nicht, das Produkt entwickelt zu haben – es muss auch noch erfolgreich auf den Markt gebracht werden. Und auch der Firmenchef muss entsprechend handeln.

In Unternehmen wird häufig bei Projekten die Phase der Rückkehr vernachlässigt. Man hat das vorher definierte Ziel erreicht, die Software ist online, das Organigramm steht, und man beendet das Projekt. Das Rückkehrprinzip verlangt aber mehr: Man muss das Projekt bzw. sein Ergebnis erst noch im Alltag etablieren und in den Köpfen der Mitarbeiter verankern.

Soweit der Ablauf der Heldenreise. Joseph Campbell beschreibt in seinem Buch auch die archetypischen Figuren, die die Welt dieser Heldenreisen bevölkern. Hier einige Beispiele dafür:

Info – 10 (Arche-)Typen, denen man bei einer Heldenreise begegnen kann

1. Der Herold | Der Herold ruft den Helden zur Abenteuerreise: Er gibt den ersten Anstoß für den Helden, aktiv zu werden.
2. Der Mentor | Er steht dem Helden als Helfer und Berater zur Seite und teilt die Erfahrungen mit ihm.
3. Der Schwellenhüter | Der Schwellenhüter will den Helden – aus welchen Gründen auch immer – von der Reise abhalten.
4. Der Gestaltwandler | Der Gestaltwandler ist eine Person mit mehreren Gesichtern: Nie weiß man ganz genau, woran man bei ihm ist.
5. Der Gegenspieler | Die Ziele des Gegenspielers sind denen des Helden genau entgegengesetzt: Er ist der Rivale, der dem Helden die Belohnung abjagen will.
6. Der Hüter des Horts | Er ist der wichtigste Gegner des Helden, denn er bewacht eifersüchtig das, was der Held gewinnen will. Ihn muss der Held in einem letzten Kampf um den Schatz besiegen.
7. Der Verbündete | Der Verbündete kann ein Helfer sein, der den Helden von Anfang an begleitet. Oder er taucht an einem kritischen Punkt der Reise plötzlich auf und hilft aus einer (vielleicht scheinbar aussichtslosen) Situation.
8. Der Freund des Helden | Manchmal wird der Held auf seiner Abenteuerreise von einem Freund – oder einem ganzen Team von Freunden – begleitet, der oder die ihn nach besten Kräften unterstützen.
9. Der Gott auf tönernen Füßen | Er scheint fast unbegrenzte Macht und Weisheit zu besitzen, und jeder bewundert ihn. Aber wenn es dann in einer kritischen Situation darauf ankommt, kneift er oder kann sich nicht durchsetzen.
10. Der Trickser | Der Trickser wendet alle möglichen Tricks an, schmiedet Intrigen, stellt Fallen. Wohl dem, der ihn zum Freund und nicht zum Feind hat.

Das also sind die grundlegenden Elemente der Heldenreise. Wie setzen wir sie nun in der Unternehmenskommunikation ein?

Zunächst einmal: Man kann (fast) jede Geschichte, die man schreiben möchte, nach dem Prinzip der Heldenreise bauen. Dabei muss natürlich keine Reise im wörtlichen Sinn absolviert werden – es kann auch die „Reise" eines Projektablaufs sein, der Entwicklung eines Produkts, der Gründung eines Unternehmens. Das bedeutet: Die Heldenreise ist ein umfassendes Werkzeug, um Geschichten zu strukturieren und dann auch zu erzählen.

Aber damit das plastischer wird, lassen Sie uns ein Beispiel durchexerzieren. Nehmen wir an, Sie sind für die Unternehmenskommunikation der mittelständischen Firma „Coloria" zuständig, die Industrielacke vor allem für die Autoindustrie herstellt. Für die interne wie externe Kommunikation möchten Sie über eine Geschichte deutlich machen, mit welchen Qualitätsstandards im Unternehmen gearbeitet wird und wie die Produkte auf die Bedürfnisse der Kunden hin entwickelt werden. Um diese Botschaften zu vermitteln, entscheiden Sie sich für eine Geschichte, deren Protagonist ein technischer Kundenbetreuer ist. Anhand seiner Erlebnisse soll ein idealtypisches Kundenprojekt plastisch hervortreten. Um die Landkarte der Storywelt zu bestimmen, entwickeln wir zunächst das Aktantenschema der Geschichte:

SCHAUBILD 12: AKTANTENSCHEMA BEISPIEL

Damit haben wir die grundsätzlichen Akteure unserer Heldenreise; mit dem Ziel/Wunschobjekt ist auch der Schatz, den der Held finden will, bestimmt: Es ist der Kunde, der durch einen guten Projektabschluss zufrieden gestellt wird. Man könnte natürlich noch weiter in die Einzelheiten gehen und auch einige (oder alle) der oben genannten Figuren-modelle der Heldenreise bestimmen. Zum Beispiel könnte man sich überlegen, wer der Schwellenhüter sein soll – also eine Figur, die nicht möchte, dass der Held auf seine Reise aufbricht. In unserem Fall könnte es zum Beispiel ein älterer Kollege sein, der behauptet, seiner Erfahrung nach seien die Anforderungen des Kunden gar nicht erfüllbar, und man solle den Auftrag ablehnen; vielleicht macht dieser Kollege auch Stimmung bei den technischen Mitarbei-tern gegen das Projekt. Man könnte auch einen Mentor einführen, etwa den Professor Schulz, bei dem Max einmal studiert hat, und den er immer noch in schwierigen lacktechnischen Fragen um Rat fragt. Dieses Figureninventar steht als Option zur Verfügung, man muss aber nicht alle diese Rollen besetzten. Der Einsatz zusätzlicher Figuren hängt davon ab, wie umfänglich man die Geschichte erzählen will. Damit es für unser Beispiel nicht zu kompliziert wird, beschränken wir uns auf die Basis-Aktanten.

Also: Spielen wir die fünf Phasen der Heldenreise durch:

Ruf des Abenteuers
Max bekommt den Anruf eines Mitarbeiters von Maier: Man brauche innerhalb weniger Wochen einen neuen Lack in einem bestimmten Farbton für den Anlauf einer neuen Autoserie. Der Zeitplan, erkennt Max, ist äußerst eng. Au-ßerdem wundert er sich, dass Maier sich an Coloria wendet, da doch allgemein bekannt ist, dass die Firma schon seit Jahren mit Couleur zusammenarbeitet. Max fragt nach, und ein wenig drucksend gibt sein Gesprächspartner

zu, dass ein Projekt mit einem Mitbewerber schief gegangen ist, und man nun schnell eine neue Lösung braucht. Nach dem Telefonat ist Max unschlüssig: Soll er das Projekt ablehnen? Soll Coloria hier nur als Lückenbüßer verheizt werden, oder ist das Projekt eine echte Chance, mit Maier einen neuen Kunden zu gewinnen, auf den Coloria schon lange scharf ist?

Aufbruch ins Unbekannte

Nach mehreren Gesprächen mit Kollegen und Vorgesetzten entscheidet sich Max, den Auftrag anzunehmen. In einem ausführlichen Briefing mit Maier klärt er die Einzelheiten.

Der Weg der Prüfungen

Das Projekt beginnt; es werden Experimente mit den gewünschten Farbtönen angestellt; natürlich braucht es mehrere Anläufe, aber dann stellt sich heraus, dass es auf größeren Flächen zu Blasenbildungen kommt. Also muss die chemische Zusammensetzung des Lacks nochmals verändert werden, etc. Kurz: Hier werden die Schritte und die Herausforderungen erzählt, die nötig sind, um einen qualitativ hochwertigen Autolack zu entwickeln. Übrigens: An diesem Beispiel können Sie auch wunderbar den Wert von Herausforderungen und Konflikten für die narrative Botschaft sehen. Denn wenn wir nur erzählen würden, dass Coloria den Lack entwickelt und an Maier abliefert, lautete die wenig aufregende Botschaft: Lacke zu entwickeln ist ein Kinderspiel. Das aber will sicher niemand im Unternehmen kommunizieren. Wenn man aber die tatsächlichen Probleme, Herausforderungen, Rückschläge und kleinen Erfolge auf dem Weg zu einem guten Autolack erzählt, wird auch automatisch vermittelt, wie viel Kompetenz und Expertise nötig ist.

Bei dieser Phase der Heldenreise kann man entscheiden, wie ausführlich oder wie knapp man sein will. Wenn es darum geht, die Lackentwicklung in ihrer ganzen Komplexität darzustellen (evtl. für ein fachlich vorgebildetes Publikum), können Sie sehr viele Schritte aufführen; wenn Sie nur eine kurze Geschichte in einem Kundenmagazin erzählen wollen, dann konzentrieren Sie sich auf die zwei oder drei wichtigsten Herausforderungen. Vielleicht gibt es kurz vor dem Ende, als Max den Schatz schon in seinen Händen sieht, noch einen letzten Kampf: Er stellt fest, dass Maier parallel auch noch einen Versuch mit Couleur gemacht hat, und Coloria nun in einem Pitch gegen den Mitbewerber antreten muss. Ein letztes i-Tüpfelchen gilt es daher in der Lackentwicklung noch draufzusetzen.

Der Schatz

Schließlich ist der Schatz erobert: Der Lack ist entwickelt, und zwar genau nach den Vorgaben des Kunden. Und beim Pitch stellt sich heraus, dass der Lack – aus diesen und jenen Gründen (hier kann man wieder Qualitätsvorteile unterbringen) – besser ist als der von Couleur.

Die Rückkehr

Maier ist vollauf zufrieden, und bietet Coloria einen langfristigen Lieferantenvertrag an. (Anmerkung: Ich habe mich bei dieser Beispielstory von dem Unternehmensroman „Das Wunder von Bernd" der Karl Wörwag Lack- und Farbenfabrik in Stuttgart leiten lassen.)

Dies ist natürlich nur das Gerippe der Geschichte. Nun gilt es, sie in den Einzelheiten je nach Kommunikationsbedarf mit Leben zu erfüllen.

Spezielle Anwendungen der Heldenreise

Die Heldenreise ist ein universell einsetzbares Erzählmodell. Natürlich kann man, wie in unserem Beispiel, entlang der einzelnen Phasen viele Geschichten erzählen. Es gibt aber darüber hinaus auch noch einige weitere Anwendungsmöglichkeiten, in denen die Heldenreise hilfreich ist, um Kommunikationsmaßnahmen zu strukturieren. Hier nur drei Beispiele aus meiner Praxis:

Kommunikationsmittel strukturieren

Für den Anbieter einer Cloud-Computing-Lösung im B2B-Bereich sollte eine neue Kundenbroschüre entstehen. Im Konzeptionsworkshop mit den Mitarbeitern des Unternehmens erklärte ich das Prinzip der Heldenreise und heftete Karten an die Pinnwand, auf denen die fünf Phasen der Heldenreise standen. Nachdem wir den Kunden als Helden/Protagonisten festgelegt hatten, sammelten wir in einem Brainstorming die Inhalte zu den fünf Phasen. Unter „Ruf des Abenteuers" standen also die Bedürfnisse und Bedarfe des Kunden, unter „Aufbruch ins Unbekannte" die genaue Definition dessen, was er brauchte, unter „Weg der Prüfungen" die Recherche und seine Probleme mit bestimmten ungeeigneten Lösungen, unter „Der Schatz" dann die Vorteile der Lösung des Unternehmens, und unter der „Rückkehr" schließlich, wie ideal neuerdings die Firmenprozesse mit der gefundenen Lösung ablaufen.

Das Besondere an dieser Broschüre war, dass auf der Textoberfläche keine Geschichte erzählt wurde. Jedes Kapitel war in einer deskriptiven Sprache und einer deskriptiven Dramaturgie geschrieben. Aber dennoch hatte die Gesamtbroschüre eine narrative Struktur, eben die der Heldenreise, ohne dass dies dem Leser bewusst wurde. Aber er wurde mitgenommen auf genau die Reise, die ihn beschäftigte – von den Überlegungen, die er sich machte, über seine Probleme bis hin zur Lösung. Seine Geschichte wurde durch die Struktur der Broschüre gespiegelt: Auch so kann man die gehirnphysiologischen Vorteile des Storytelling nutzen.

Der Event als Heldenreise

Mehrmals schon habe ich auch Kunden- oder Presseevents nach dem Prinzip der Heldenreise konzipiert. Auch hier ist es wichtig, sich zunächst mit dem Aktantenschema auseinander zu setzen. Der Held ist bei einem Event natürlich immer der Besucher. Was für ein Ziel, was für einen Wunsch könnte er haben? Will er sich einfach unterhalten, will er informiert werden, oder soll es eine Mischung aus beidem sein? Welchen Wunsch Sie ihm erfüllen, hängt natürlich auch stark von dem Ziel ab, das Sie als Unternehmen mit dem Event verbinden.

Die Dramaturgie des Events wird dann nach den Phasen der Heldenreise geplant. Was ist der Schatz? Vielleicht die Verlosung eines wertvollen Preises? Der Auftritt eines Stargasts? Eine besonders erfreuliche Mitteilung des Vorstands? Hat man den Schatz festgelegt, gilt es, den Weg der Prüfungen hin zu diesem Schatz zu planen. Mit welchen Herausforderungen, in welchen Stufen könnte man den Weg zum Höhepunkt besonders spannend machen? Gibt es vielleicht immer wieder kleine Aufgaben zu bewältigen, über die man das Publikum aktiv mit einbeziehen kann? Und was ist die Rückkehr: Was nehmen die Gäste mit nach Hause?

Die Kampagne als Heldenreise

Schließlich kann man auch eine ganze Kommunikations-Kampagne als Heldenreise planen. Dazu muss man natürlich genau wissen, welche Geschichte man über mehrere Medien hinweg erzählen will. Sagen wir, der Schatz ist der Launch eines neuen Produkts, der Held der potenzielle Kunde dieses Produkts. Was könnte hier der Ruf des Abenteuers sein? Die Antwort: Irgendein Mangel, dem das Produkt abhilft. Also könnte man in der ersten Phase der Kampagne nur diesen Mangel kenntlich machen. In einer zweiten Phase (als „Aufbruch ins Unbekannte" und „Weg der Prüfungen" in einem) dann die (natürlich untauglichen) Lösungsversuche des Kunden. Und schließlich, als Höhepunkt der Dramaturgie, als Schatz und Lösung für den Mangel: das Produkt. Auf diese Weise entstünde eine dreiphasige Kommunikationskampagne, die sich an der Heldenreise orientiert (vgl. dazu auch den Abschnitt zur narrativen Kommunikationsstrategie, S. 119).

Geschichten gut erzählen: Drei Storytelling-Tipps

Wir haben jetzt sehr viel über Strukturen und Baupläne für Geschichten in der Unternehmenskommunikation gesprochen: Ähnlich wie beim menschlichen Körper das Skelett entscheidend für Beweglichkeit und Form ist, ist die Struktur einer Geschichte entscheidend für ihr Funktionieren. Meiner Erfahrung nach werden die meisten Fehler beim Storytelling auf dieser Ebene gemacht. Menschen, die in der Unternehmenskommunikation arbeiten, können in der Regel gut schreiben – sonst hätten sie ja diesen Beruf auch nicht gewählt. Fehler beim tatsächlichen Erzählen kommen deshalb weniger oft vor, was aber leider noch nicht den Erfolg garantiert. In die Baupläne nämlich sind immer wieder Fehler eingewoben, was dazu führt, dass die Geschichten nicht überzeugen.

Gleichwohl gilt: Eine Geschichte gut zu erzählen, ist mehr als die halbe Miete: Selbst das beste Drehbuch kann von einem Regisseur verdorben werden, wenn er es nicht schafft, die Geschichte in starke Bilder umzusetzen.

In Hollywood-Drehbuchwerkstätten wird als eine der Grundregeln den Nachwuchsautoren immer wieder eingebläut: Show, don't tell. Gemeint ist damit, dass man den Zuschauern Sachverhalte bildlich vorführen und nicht einfach nur benennen soll. Ich könnte zum Beispiel in einem Film meinen Protagonisten Hans über einen Flur gehen lassen und einen Off-Sprecher dabei sagen lassen: „Hans war ein zwanghafter Typ". Oder ich kann in einer kurzen Szene zeigen, wie Hans die Bleistifte auf seinem Schreibtisch in ordentliche Reihen legt. Was die stärkere Szene ist, brauchen wir, denke ich, nicht zu diskutieren.

Dieses „Zeigen" funktioniert nicht nur in einem Medium wie dem Film, sondern genauso im Text. Auch hier habe ich die Wahl, entweder zu schreiben „Hans war ein zwanghafter Typ", oder aber: „Das erste, was Hans jeden Morgen tat, wenn er sich an seinen Schreibtisch setzte, war, alle Bleistifte im rechten Winkel zur Tischkante zu legen." Schon entsteht ein Bild

GESCHICHTEN GUT ERZÄHLEN: DREI STORYTELLING-TIPPS

vor dem inneren Auge des Lesers – der Protagonist wird für ihn lebendig, was natürlich eine Grundvoraussetzung zur Identifikation ist.

Letztlich ist das die wichtigste Grundregel bei jeder Geschichte: Erzähle so plastisch, so bildhaft wie möglich. Im Folgenden meine Tipps für das Erzählen:

Storytelling-Tipp 1: Bildhaft erzählen

Belegen Sie Ihre Figuren nicht nur mit irgendwelchen Eigenschaften (Kennzeichnung), sondern zeigen Sie diese Eigenschaften in der Aktion, im Bild.

Kennzeichnen	*Zeigen*
Hans war ein Langweiler	Man konnte kein Gespräch mit Hans führen, ohne dass er nach fünf Minuten auf sein Hobby, die Porzellanmalerei, kam.
Marie war eine Nervensäge	Wie immer hatte Marie auch in diesem Restaurant an allem etwas zu mäkeln: An der Einrichtung, am Essen, am Kellner, am Preis.
Herr M. war eine echte Führungspersönlichkeit	Herr M. musste nur den Raum betreten, und schon verstummten alle Gespräche und die Gesichter wandten sich ihm zu.

Das Prinzip dahinter: Überlegen Sie sich kleine Situationen, in denen sich die wichtigsten Merkmale Ihrer Protagonisten zeigen. Aber Vorsicht: Auch hier entscheidet das richtige Maß: Überfrachten Sie Ihre Geschichte nicht mit allzu vielen solchen Elementen.

Storytelling-Tipp 2: Fallhöhe aufbauen

Ich habe schon mehrmals erwähnt, wie wichtig der Konflikt, die Herausforderung für die Spannung einer Geschichte ist: Ein Protagonist, dem alles in den Schoß fällt, der Erfolge erntet wie Blumen am Wegesrand, interessiert uns nicht, allenfalls werden wir ein wenig neidisch auf ihn.

Die Herausforderung steht im Zentrum jeder Geschichte: Sie entscheidet, ob sie interessant, spannend wird oder nicht. Deshalb sollte man die Herausforderung des Protagonisten auch so breit und so dramatisch wie möglich erzählen. Keine Angst, ich will Sie nicht zu einem Schundroman-Stil überreden: Es geht nur darum, den Rezipienten auch die Tragweite der Herausforderung erkennen zu lassen. Es muss eine Fallhöhe aufgebaut werden zwischen dem Problem und der Lösung: Je schwieriger es für den Märchenprinzen war, die Prinzessin aus der Höhle des Drachen zu befreien, desto mehr weiß der Leser das Happy End zu schätzen. Je schwieriger es war, ein neues Produkt zu entwickeln, desto mehr vermitteln sich dem Leser seine tatsächlichen Qualitäten.

Storytelling-Tipp 3: Kurz bleiben

In der Unternehmenskommunikation ist allgemein Kürze eines der wichtigsten Gebote: Anders als der Roman- oder Filmautor rezipieren die Menschen unsere Texte oder Stories ja nicht zum Vergnügen, sondern um sich zu informieren, und oft müssen wir sie geradezu „überreden", sie überhaupt wahrzunehmen. Und das bedeutet, wir müssen so schnell wie möglich auf den Punkt kommen. Für das Geschichtenerzählen in der Unternehmenskommunikation gilt daher – anders als im Roman, der auch mal ausufernd-mäandernd und in Umwegen erzählen darf – das Gebot der Kürze: Auf alles verzichten, was nicht unbedingt für den Spannungsbogen der Geschichte und ihre Botschaft nötig ist. Aber Vorsicht: Man darf auch nicht zu kurz werden, weil dann die Gefahr besteht, dass man nur das Gerippe der Story anstelle der ganzen Geschichte präsentiert. Die Geschichte sollte also bildhaft und mit Fallhöhe erzählt werden; sind diese beiden Bedingungen erfüllt, kann man überprüfen, ob es noch Elemente in unserer Geschichte gibt, die weder zur Handlung, noch zur Bildhaftigkeit noch zur Erzeugung der Fallhöhe beitragen. Dann: raus damit!

> **» Checklist: Geschichten interessant erzählen**
>
> Überprüfen Sie die erzählerische Dichte (oder noch besser: Lassen Sie sie überprüfen, von einem Kollegen zum Beispiel) in folgenden Schritten:
>
> 1. Werden die Personen und ihre Handlungen plastisch? Entstehen Bilder vor dem inneren Auge des Lesers oder Zuschauers? Kurz: Ist die Geschichte bildhaft erzählt?
> 2. Entsteht genügend Fallhöhe zwischen Herausforderung und Lösung? Ist die Geschichte spannend oder zumindest interessant für die Zielgruppe?
> 3. Wenn die Kriterien 1 und 2 erfüllt sind: Gibt es noch Elemente in der Geschichte, die weder zur Handlungslogik noch zur Bildhaftigkeit oder zum Aufbau der Fallhöhe beitragen? Dann streichen Sie diese Elemente!

Drei Masterplots für die Unternehmenskommunikation

Grundsätzlich gibt es so viele verschiedene Geschichten, wie es Stoffe, Themen, Figuren oder Situationen gibt, von denen erzählt werden kann. Und auch wenn immer wieder behauptet wird, dass nun „aber wirklich alles erzählt" sei, entstehen doch stets neue Geschichten. Schließlich wurde erzählt, seit es Menschen gibt, und es wird auch in Zukunft solange erzählt werden, wie Menschen auf der Erde leben – allein schon deshalb, Sie erinnern sich, weil unser Gehirn Geschichten braucht.

Es gibt viele verschiedene Geschichten – aber bestimmte Geschichten-Typen oder „Masterplots" werden immer wieder verwendet, weil sie besonders beliebt sind oder besonders gut funktionieren. Denken Sie nur an den Master-plot „Boy meets Girl" – unzählige Male wurden Varianten dieser Geschichte schon erzählt. Oder an den Masterplot „Detektiv/Kommissar sucht Mörder" – jeder „Tatort", jeder Krimi ist eine Variante dieses Plots.

Auch in der Unternehmenskommunikation kann man bestimmte Plots ausmachen, die häufig verwendet werden bzw. immer wieder funktionieren. Es sind gewissermaßen Standardbaupläne, die Sie nur mit Ihren eigenen Inhalten auffüllen müssen, und schon haben Sie ein bewährtes Muster für Ihre Geschichte. Drei häufig verwendete Master-plots für die Unternehmenskommunikation sind:

- Das Unternehmen als Helfer des Kunden
- Der Gründungsmythos des Unternehmens
- Die Heldenreise der Prozesse

Masterplot 1: Das Unternehmen als Helfer des Kunden

Der Masterplot 1 eignet sich immer dann, wenn die Vorteile eines Produkts, einer Dienstleistung oder der Marke des Unternehmens aus Kundensicht in Form einer Geschichte dargestellt werden soll.

SCHAUBILD 13: AKTANTENSCHEMA MASTERPLOT 1

Die dramaturgischen Hauptelemente

1. Der Kunde muss oder will ein bestimmtes Ziel erreichen.
Beispiele:
- Der Kunde will möglichst entspannende Ferien verleben (Produkt: Reise).
- Der Kunde (ein Unternehmen) muss neue Abgasrichtlinien für Produktionsbetriebe erfüllen (Produkt: Neue Abgasfilter).
- Der Kunde will sich beruflich verbessern (Produkt: Fernkurs zur Weiterqualifizierung).

Die Geschichte wird an diesem Punkt umso spannender, je mehr der Kunde plastisch hervortritt, je mehr über ihn und seine Probleme mit der bisherigen Situation erzählt wird.

2. Es gibt Widerstände, die es ihm nicht leicht machen, dieses Ziel zu erreichen.
Beispiele:
- Es ist schwierig, einen Ferienort zu finden, an dem man sich richtig entspannen kann.
- Die meisten Abgasfilter-Lösungen sind sehr teuer.
- Der Kunde muss Geld verdienen und kann nicht einfach auf eine Vollzeit-Schule gehen.

3. Evtl: Der Kunde hat verschiedene, ungeeignete Lösungen versucht.

Beispiele:

- Im letzten Jahr hat er eine Billigreise gebucht und war inmitten einer Horde saufender Jugendlicher.
- Ein im Ausland bestellter Abgasfilter hat der strengen deutschen Richtwerte-Prüfung nicht standgehalten.
- Eine Abendschule hat sich wegen der langen Anfahrtswege als zu zeitaufwendig erwiesen.

4. Der Kunde entdeckt das Produkt/den Service des Unternehmens.

Beispiele:

- Freunde empfehlen ihm die Reiseplattform, auf der die Reiseziele so genau beschrieben werden, dass man sich ein sehr genaues Bild machen kann.
- Nach Recherchen über Qualitätsmerkmale entscheidet sich der Kunde schließlich für den Abgasfilter des Unternehmens.
- In einer Zeitschrift entdeckt der Kunde die Anzeige der Fernschule.

5. Der Kunde wendet das Produkt an und ist am Ziel seiner Wünsche.

Beispiele:

- Der Kunde bucht eine Reise, fährt hin und ist am Ort seiner Träume.
- Der Kunde baut den Abgasfilter ein und kann jetzt das leidige Thema Emissionen von seiner Liste streichen.
- Der Kunde kann seine Zeit optimal einteilen und ist fast am Ende des Kurses angelangt.

Masterplot 2: Der Gründungsmythos des Unternehmens

Mit diesem Masterplot lässt sich die „große" Geschichte des Unternehmens und seines Gründers erzählen.

SCHAUBILD 14: AKTANTENSCHEMA MASTERPLOT 2

Die dramaturgischen Elemente

1. Ein auslösendes Ereignis (eine Erfindung, Arbeitslosigkeit, oder einfach der Wille, etwas Eigenes zu machen) bringt den Gründer auf seine Geschäftsidee.
Beispiele:
- Werner von Siemens erfindet den Zeigertelegraphen.
- Steve Jobs ärgert sich über Computer mit undurchsichtigen Softwarezeilen auf dem Bildschirm.
- Der Protagonist (nennen wir ihn Max) wird mit 55 arbeitslos; er hat keine Chance mehr, eine Anstellung zu finden.

2. Der Held beschließt, sein Unternehmen zu gründen.
Beispiele:
- Werner von Siemens sucht und findet in Johann Georg Halske einen Partner, um seine Erfindung zu vermarkten.
- Steve Jobs beschließt mit Steve Wozniak zusammen, einen Computer mit graphischer Benutzeroberfläche zu entwickeln und zu vermarkten.
- Max beschließt, eine Firma in seinem Spezialgebiet zu gründen.

3. Widerstände, Konflikte, Herausforderungen auf dem Weg zum Erfolg
Beispiele:
- Bei allen Gründern: Probleme mit Geldgebern, Konkurrenten, Neidern etc.

4. Der erste große Erfolg

Beispiele:

- Werner von Siemens erhält einen Auftrag vom Preußischen Staat;
- Steve Jobs gelingt mit dem Apple 2 ein erster Erfolg.
- Max erhält einen ersten Auftrag und muss neue Mitarbeiter einstellen.

5. Evtl.: Ein Rückschlag, der den ersten Erfolg wieder zunichte zu machen droht.

Beispiele:

- Steve Jobs wird aus dem eigenen Unternehmen geworfen.
- Max hat eine Durststrecke nach dem ersten Auftrag zu überstehen.

6. Der nachhaltige Durchbruch

Beispiele:

- Das Unternehmen von Werner von Siemens wird durch die Kabelverlegungen für die Telegraphie endgültig groß.
- Steve Jobs kehrt zurück und entwickelt mit iPod, iMac und IPhone die Zukunftsprodukte des Unternehmens.
- Max findet eine Nische, in der er zum Marktführer wird.

Masterplot 3: Die Heldenreise der Prozesse

Der dritte Masterplot eignet sich für Geschichten, deren Thema irgendeine Art von Prozess ist – also die Entwicklung eines Produkts, Umorganisationen, ein Beratungsprozess, eine Fusion, etc.

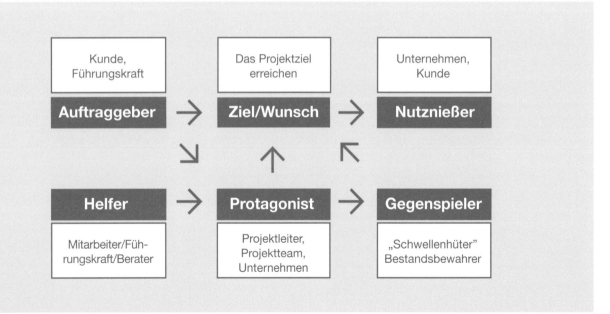

SCHAUBILD 15: AKTANTENSCHEMA MASTERPLOT 3

Die dramaturgischen Elemente

1. Ruf des Abenteuers: Der Prozess wird initiiert.

Beispiele:

- Ein Produkt bricht am Markt ein: Ein Nachfolgeprodukt muss entwickelt werden.
- Die alten Strukturen funktionieren nicht mehr: Das Management beschließt eine Umstrukturierung.
- Der Kunde hat ein Problem und ruft einen Berater.

2. Aufbruch ins Unbekannte: Der Prozess beginnt.

Beispiele:

- Ein Entwickler/ein Entwicklerteam beginnt mit der Produktentwicklung.
- Die wichtigsten Argumente für die neue Organisationsstruktur werden zusammengetragen.
- Der Beratungsprozess beginnt mit einer Problemanalyse.

3. Der Weg der Prüfungen: Die einzelnen Schritte und Herausforderungen des Projekts.

Beispiele:

- Es werden Versuche gemacht, Prototypen gebaut, getestet, verworfen.
- Die Umorganisation wird Schritt für Schritt von oben nach unten ausgerollt.
- Die einzelnen Schritte des Beratungsprozesses werden erläutert.

5. Der Schatz: Das Projektziel wird erreicht.

Beispiele:

- Das Produkt ist fertig entwickelt und funktionstüchtig.
- Die Umorganisation ist durchgeführt.
- Der Beratungsprozess kommt zu einem Ergebnis.

6. Die Rückkehr: Die nachhaltige Verankerung der Prozessergebnisse.

Beispiele:

- Das Produkt ist auf dem Markt erfolgreich.
- Die Umorganisation ist in den Köpfen der Mitarbeiter angekommen
- Der Klient kann die Ergebnisse der Beratung in der Praxis umsetzen.

Storytelling 2.0: Digitales Geschichtenerzählen

Begriffe wie „Digital Storytelling", „crossmediales" oder „transmediales" Storytelling werden seit einiger Zeit heftig diskutiert, und sieht man sich Artikel oder auch Bücher dazu an, gewinnt man manchmal den Eindruck, als wäre mit diesen Begriffen die Kunst des Geschichtenerzählens ganz neu erfunden worden. Ich würde gerne ein wenig Luft aus dieser Diskussion lassen: Nein, das Storytelling wurde nicht neu erfunden, die Grundgesetze einer guten Geschichte gelten nach wie vor, und Sie müssen auch nicht alles vergessen, was Sie bisher in diesem Buch gelesen haben: Eine Geschichte ist eine Geschichte ist eine Geschichte.

Dennoch bieten die digitalen Medien die Möglichkeit, Geschichten in neuen Varianten zu erzählen. Einige davon möchte ich Ihnen vorstellen. Natürlich kann dies nur eine Momentaufnahme sein; Sie wissen selbst, wie schnell sich im Web alles ändern kann und ganz neue Möglichkeiten entstehen.

Zunächst ist das Web ja nur ein Verbreitungskanal für Inhalte. Auf dieser Ebene ändert sich nichts Großes an Ihren Geschichten: Ob Sie eine Geschichte in Textform in Ihrem gedruckten Kundenmagazin oder auf Ihrer Website publizieren – die Geschichte bleibt die gleiche. Prinzipiell sollten Texte im Web immer eher kürzer sein als Texte in Printmedien – doch da wir in der Unternehmenskommunikation ja ohnehin immer so kurz wie möglich sein wollen, ist dieser Unterschied in unserem Kontext zu vernachlässigen. Auch ein narrativer Unternehmensfilm muss nicht anders aussehen, wenn man ihn als DVD an Kunden verteilt oder auf die eigene Website stellt. Einen großen Unterschied macht es jedoch, wenn man sich zum Beispiel für YouTube als Vermarktungskanal entschieden hat und möglichst viele Viewer haben möchte: In diesem Fall sollte man sich genau mit der Plattform auseinandersetzen, welche Arten von Filmen hier erfolgreich sind, welche Zielgruppen man hier wie erreichen kann, etc. Für YouTube gilt zum Beispiel, dass eher kürzere Filme, die mit Humor und außergewöhnlichen Ideen arbeiten, am erfolgreichsten sind (zu den verschiedenen Präsentationsplattformen für Unternehmensfilme vgl. Lanzenberger/Müller 2012).

Hier soll es allerdings nicht um die Vermarktungsmöglichkeiten in den Sozialen Medien oder auf verschiedenen Internet-Plattformen gehen; das würde den Rahmen dieser Storytelling-Einführung sprengen. Ich will hier nur einige neue Möglichkeiten für das Storytelling im Internet benennen.

Erzählen über Mediengrenzen hinweg

Eine der wichtigsten neuen Möglichkeiten des Geschichtenerzählens im Internet ist, dass man über klassische Mediengrenzen hinaus erzählen kann: Man kann zum Beispiel eine Geschichte als Text beginnen lassen, sie in einem Film fortführen und dann über eine Serie von Emails zu Ende erzählen. Tatsächlich werden solche Experimente unter dem Stichwort „Transmedia-Storytelling" durchgeführt; ob es immer sinnvoll ist, so zu erzählen, wird sich meiner Einschätzung nach erst in Zukunft zeigen.

Multichannel-Storytelling

Multichannel-Storytelling bedeutet, dass ein und dieselbe Story in verschiedenen medialen Kanälen erzählt wird: Die Gründungsgeschichte Ihres Unternehmens wird zum Beispiel auf der Website in Form eines Films erzählt und in einem Buch zum Firmenjubiläum auch in Textform. Zusätzlich kann man vielleicht die Geschichte über eine Unternehmens-App rezipieren und dabei auch noch interaktiv Fragen zur Geschichte einholen und beantworten. Natürlich ist eine Geschichte nie zu hundert Prozent die gleiche Geschichte, wenn sie zum Beispiel vom Text in den Film übertragen wird. Sie alle kennen dies aus den Romanverfilmungen. Zumindest der Plot bleibt jedoch meist der gleiche.

Da die Aufbereitung einer Geschichte für jedes Medium mit Aufwand verbunden ist, sollte man sich überlegen, ob sich die Sache lohnt. In der folgenden Checklist habe ich die wichtigsten Kriterien für Multichannel-Storytelling aufgelistet:

> **Checklist: Multichannel-Storytelling ist sinnvoll, wenn Sie**

- mit einer Aufbereitung der Geschichte in einem zweiten Medium neue, erwünschte Zielgruppen erreichen können (Beispiel: Sie hatten die Geschichte bisher nur als Text; Sie hoffen mit der Umsetzung im Film vor allem neue jugendliche Zielgruppen zu erreichen);
- mit einer neuen medialen Aufbereitung Ihre Botschaften auf neuen Plattformen verbreiten können (Beispiel: Die Geschichte, die Sie in Ihrem Unternehmensfilm erzählen, erscheint in Textform auch in der Kundenzeitschrift);
- Sie mit dem neuen Medium neue Aspekte Ihrer Geschichte herausarbeiten können (Beispiel: Sie hatten die Geschichte bisher nur in Textform; mit der Umsetzung als Film können Sie buchstäblich zeigen, wie das neue Produkt aussieht).

Crossmedia-Storytelling

Beim crossmedialen Storytelling wird die Basisgeschichte in einem Kanal erzählt und weitere Subgeschichten oder Zusatzinformationen werden in anderen Kanälen zur Verfügung gestellt. Das klassische Beispiel für Crossmedialität ist das bekannte „mehr dazu erfahren Sie unter tagesschau.de": Die Hauptinformationen gibt es in den Fernsehnachrichten, Zusatzinformationen im Internet. Das gleiche Prinzip lässt sich auch aufs Storytelling übertragen – Sie können auf diese Weise verschiedene Geschichten miteinander verknüpfen, aber auch Hintergrundinformationen zu einer Geschichte anbieten. Hier ein paar Möglichkeiten, die sich dabei ergeben können:

• In einer Pressemitteilung erzählen Sie die Geschichte eines neuen Produkts und verweisen dort
- auf verschiedene Anwendergeschichten zu diesem Produkt, die auf Ihrer Website zu finden sind;
- oder auf Hintergrundinformationen zum Produkt auf Ihrer Website.

• Auf Ihrer Website erzählen Sie in Form eines Films die Geschichte Ihres Unternehmens und verlinken von dort
- auf weitere Filme, die Aspekte Ihres Unternehmens (Produkte, Produktgruppen, Personen, Standorte etc.) darstellen;
- auf Texte, die solche anderen Geschichten erzählen.

• In Ihrem Kundenmagazin erzählen Sie die Geschichte eines Kunden, der Ihre Dienstleistung bzw. Ihr Produkt nutzt, und verweisen am Ende
- auf weitere Geschichten von anderen Kunden, die im Internet zu finden sind;
- auf Informationen im Internet zu den einzelnen Produktvorteilen;
- auf die Möglichkeit, auf Twitter weiteren Informationen zum Produkt zu folgen.

Crossmedia-Storytelling bietet also vielfache Möglichkeiten, Geschichten mit anderen Geschichten und Geschichten mit Sachinformationen zu verbinden.

Wichtig ist dabei, dass man jeweils die einzelnen Inhalte auf ihre mediale Passgenauigkeit hin überprüft – das heißt, sich die Frage zu stellen, welche Inhalte sich am besten im Print kommunizieren lassen, welche im Netz, welche im Film etc. Wenn es zum Beispiel darum geht, sehr viele Sachinformationen zu vermitteln, ist wahrscheinlich der Film das falsche Medium, wenn dagegen die Funktionsweise einer Technologie anschaulich gemacht und emotional vermittelt werden soll, ist er das richtige.

> **Checklist: Crossmedia-Storytelling ist sinnvoll, wenn Sie**

- eine Hauptgeschichte mit mehreren Untergeschichten verbinden wollen, die in unterschiedlichen Medien realisiert sind. Das kann auch aus Kostengründen Sinn machen: Sie erzählen die Hauptgeschichte in einem „teuren" Film, und wenn das Interesse der Rezipienten dadurch geweckt ist, präsentieren Sie ihnen weitere, vergleichsweise günstig als Text produzierte Geschichten;
- Hintergrundinformationen zu einer Geschichte im Netz bereitstellen möchten; dadurch überfrachten Sie Ihre Geschichte nicht mit Informationen, können sich beim Erzählen auf das Wesentliche konzentrieren und wichtige Informationen dann gesondert anbieten;
- verschiedene Geschichten, die jedoch inhaltlich zusammenhängen, zielgruppen- und medienspezifisch in verschiedenen Kanälen bereitstellen möchten.

Transmedia-Storytelling

Transmediales Storytelling ist in Anspruch und Komplexität die Königsdisziplin des digitalen Storytelling – genau wegen dieser Komplexität sollte man sich sehr genau überlegen, ob es tatsächlich für das eigene Kommunikations-vorhaben Sinn macht. Grundsätzlich ist es wohl nur für große Kommunikationskampagnen geeignet – dafür kann es aber auch große Aufmerksamkeit generieren.

Transmedia-Storytelling bedeutet: Eine Geschichte wird über mehrere Medien und Kanäle erzählt. Um die Geschich-te wirklich verstehen zu können, muss der Rezipient alle diese Kanäle wahrnehmen. Der Anfang der Geschichte wird zum Beispiel in einem Film erzählt, in einer Werbeanzeige im Print wird sie weitererzählt, die nächsten Ereignisse geschehen im Internet, und am Ende bekommt der Rezipient vielleicht eine E-Mail mit der Auflösung der Geschich-te. Transmediales Erzählen verlangt sehr viel Bereitschaft der Zielgruppe, sich auf diese Erzählform einzulassen, und sehr viel Aktivität in der Suche nach den relevanten Kanälen. Im Moment wird man transmediales Erzählen wohl eher für jüngere Personen und solche Zielgruppen anwenden, die eine starke Verbindung zum Unternehmen oder Produkt haben.

Ein gelungenes Beispiel für eine transmediale Storytelling-Kampagne hat zum Beispiel Audi in den USA realisiert:

Unter dem Titel „The Art of the Heist" wurde zunächst ein Video in Überwachungskamera-Ästhetik ins Netz gestellt, das einen Einbruch in einen Audi-Showroom und den Diebstahl eines Audi A3 zeigt. Die Zuschauer wurden aufgefordert, Hinweise zu sammeln und weiterzugeben. Die Geschichte wurde dann weiter erzählt über Fernsehspots, Social Media, Printanzeigen, Pressemitteilungen, und die Rezipienten konnten sich aktiv an der „Aufklärung" des Falls beteiligen. Die ganze transmediale Vielfalt dieses Projekts wurde später in einem Video zusammengefasst. Sie finden es auf YouTube unter https://www.youtube.com/watch?v=z5w2CNB9clw

Auch Fernsehsender experimentieren zumindest ansatzweise mit transmedialen Erzählformen. So wurde in einem sogenannten „Tatort +" des SWR mit der Kommissarin Lena Odenthal (Ulrike Folkerts) 2012 ein Mord dargestellt, den eine Gruppe Jugendlicher begangen hat; in der Fernsehsendung wurde aber nicht geklärt, welcher der Jugendlichen (die alle mitschuldig waren) das Messer geführt hat. Diese Frage konnten die Zuschauer nach der Sendung im Netz lösen, wobei sie dort noch zusätzliche Hinweise bekamen.

Der Sender Arte führte im Frühjahr 2013 unter dem Titel „About: Kate" ebenfalls ein ambitioniertes Transmedia-Projekt durch. In einer Fernsehserie wurde die Geschichte einer jungen Frau erzählt, die sich selbst in die Psychiatrie einweist, weil sie mit ihrer analogen und digitalen Identität nicht mehr zurechtkommt. In einer App zur Sendung konnten die Zuschauer Zusatzinformationen bekommen.

Hinter Transmedia-Storytelling steckt viel Potenzial, aber es lässt sich im Moment noch nicht genau sagen, ob dies nur ein Randphänomen des Storytelling bleiben wird oder zu einer der digitalen Hauptformen aufsteigen wird. Und auch im Bereich der Unternehmenskommunikation kann noch keine Aussage darüber getroffen werden, inwieweit Aufwand und Ertrag in einem vernünftigen Verhältnis stehen. Aber vielleicht finden Sie ja die richtige Form – ich möchte Ihnen auf jeden Fall Mut machen, damit zu experimentieren.

Checklist: Transmedia-Storytelling ist geeignet

- wenn Sie eine große Kampagne fahren möchten, die bei einer medien- und internetaffinen Zielgruppe hohe Aufmerksamkeit und Identifikation erzeugen soll;
- wenn Sie Ihr Unternehmen als Pionier für neue, zukunftsweisende Kommunikationsformen positionieren möchten.

Interaktives Storytelling

Eine weitere Möglichkeit, Geschichten im Internet zu erzählen, ist die Nutzung von Interaktivität: Rezipienten können mit einer Geschichte spielen, ihren Verlauf (mit)bestimmen, Varianten der Geschichte ansehen. Natürlich bedeutet auch dies einen relativ hohen Aufwand – sowohl in der Konzeption der Geschichte als auch in der Programmierung. Auch diese Form wird also vor allem für besondere Anlässe genutzt werden.

Ein schönes Beispiel für interaktives Storytelling aus der Werbung ist ein YouTube-Spot von TippEx – Hunter and Bear's Birthday Party:

 https://www.youtube.com/watch?v=eQtai7HMbuQ

Dabei kann der User durch das Eintippen einer Jahreszahl die Geschichte in verschiedenen historischen Epochen spielen lassen. Sehen Sie sich das Video einfach einmal an und spielen Sie damit herum.

Interaktivität kann natürlich nicht nur im Video, sondern auch auf Textbasis realisiert werden. So könnte zum Beispiel eine Geschichte auf einer Website beginnen und der User dann die Möglichkeit bekommen, sich für verschiedene Varianten der Fortsetzung zu entscheiden. Dies wäre zum Beispiel dann zielführend, wenn man dadurch verschiedene Anwendungsfälle eines Produkts, das in der Geschichte eine Hauptrolle spielt, abdecken will. Im Moment kenne ich leider kein Beispiel eines Unternehmens, das diese Möglichkeit schon genutzt hat – aber vielleicht werden Sie ja ein Pionier des interaktiven Storytelling in der Unternehmenskommunikation.

> **» Checklist: Interaktives Storytelling ist geeignet**
>
> - wenn Sie junge, experimentierfreudige Zielgruppen erreichen möchten;
> - wenn es für Ihr Kommunikationsziel wichtig ist, verschiedene Varianten einer Geschichte zu erzählen;
> - wenn Sie sich als Unternehmen präsentieren möchten, das souverän mit den Mitteln des digitalen Erzählens umzugehen versteht.

Kollaboratives Storytelling

Kollaboratives Storytelling bedeutet, dass das Unternehmen nicht eine Geschichte (oder Varianten einer Geschichte wie beim interaktiven Storytelling) vorgibt, sondern dass andere Menschen (Kunden, Partner etc.) eingeladen werden, gemeinsam an einer Geschichte oder einer Geschichtenwelt zu arbeiten.

Das kann ganz einfach dadurch geschehen, dass man zum Beispiel Kunden auffordert, ihre Geschichte mit einem Produkt oder einer Dienstleistung des Unternehmens zu erzählen und auf der Facebook-Seite zu posten – als Text, als Video, als Audiofile. Es entsteht so nicht nur ein sehr lebendiges und spannendes Geschichtenportal, sondern Sie machen damit gewissermaßen kostenlos Markforschung: Denn sicherlich gibt es in diesen Geschichten Aspekte der Nutzung des Produkts, die für Ihr Unternehmen neu sind oder bisher noch nicht im Fokus standen.

Ein Beispiel für kollaboratives Storytelling in der Unternehmenskommunikation ist das Siemens-Projekt „Answers". Dabei wurden 2011 Filmemacher aufgefordert, in Kurzfilmen Geschichten über Menschen zu erzählen, die innovative Technologie nutzen. Es entstanden mehr als 50 Kurzfilme; Mitarbeiter und Kunden konnten diese Filme via Social Media bewerten und diskutieren:

 https://www.youtube.com/user/answers

>> **Checklist: Kollaboratives Storytelling ist geeignet**

- wenn Sie eine große Kampagne fahren möchten, die bei einer medien- und internetaffinen Zielgruppe hohe Aufmerksamkeit und Identifikation erzeugen soll;
- wenn Sie Ihr Unternehmen als Pionier für neue, zukunftsweisende Kommunikationsformen positionieren möchten.
- wenn Sie Neues aus einer Außenperspektive über Ihre Produkte erfahren möchten.

Sie wissen nun, worauf es beim Storytelling ankommt und kennen eine Reihe von Möglichkeiten, wie Sie Geschichten in der Unternehmenskommunikation und in der PR erzählen können. Sie können Storytelling punktuell einsetzen und in verschiedenen Medien immer dann eine Geschichte erzählen, wenn es vom Thema her oder von der Botschaft, die Sie vermitteln wollen, Sinn macht. Viele Unternehmen arbeiten so und nutzen so immer wieder die Kraft des Erzählens für ihre Kommunikation.

Allerdings kann man auch noch einen Schritt weitergehen und Storytelling in Kommunikation und PR strategisch einsetzen – eine Strategie also für eine Kampagne oder die gesamte Kommunikation auf narrativer Basis entwickeln. Dazu sind grundsätzlich zwei Fragen zu klären:

- Was ist die Botschaft (oder sind die Botschaften), die Sie in Ihrer Kampagne vermitteln wollen?
- Welche Geschichten können diese Botschaft vermitteln und welche Geschichten sollte man – jetzt – nicht erzählen, um die Gesamtbotschaft nicht zu verwässern?

Um diese Fragen von Anfang an in einem Storytelling-Kontext zu klären, empfiehlt sich ein Vorgehen in folgenden fünf Schritten:

Schritt 1: Die Core Story entwickeln

Die Core Story ist gewissermaßen die Kerngeschichte, die in jeder Story, die innerhalb einer Kommunikationsmaß-nahme oder einer Kampagne erzählt wird, steckt. Die Core Story ist damit einerseits ein Werkzeug, um passende Geschichten zu entwickeln, andererseits aber auch eine Messlatte, um zu beurteilen, ob Geschichten zur Strategie passen. Eine Core Story ist das narrative Skelett in jeder Geschichte, die innerhalb einer Kampagne (oder der ge-samten Markenkommunikation eines Unternehmens) erzählt wird.

Jede Core Story hat folgende Basisstruktur:

Unser Unternehmen/unser Produkt/unsere Dienstleistung bietet dies oder das...

...um bei den Menschen (Kunden, Unternehmenspartnern, der Öffentlichkeit), eine Veränderung auszulö-sen...

...hin zu diesem oder jenem Resultat.

Oder, um es in Form des schon bekannten Storytelling-Schemas darzustellen:

 →  →

AUSGANGSZUSTAND　　**EREIGNIS/ TRANSFORMATION**　　**ENDZUSTAND**

CORE STORY:

Das Unternehmen/das Produkt bietet dies oder das ...

... um für den Kunden/Anwender eine Veränderung auszulösen ...

... hin zu diesem oder jenem Resultat.

SCHAUBILD 16: DIE CORE STORY

Hier einige Beispiele für Core Stories, die für Kommunikationskampagnen von Unternehmen entwickelt wurden:

Reiseportal im Internet:
Wir bieten das schnellste und sicherste Buchungssystem, um Menschen, die verreisen, die Sicherheit zu geben, dass sie sich auf ihre Buchung verlassen können.

Medizinportal:
Das Portal hilft Menschen durch ausführliche Beratung, den besten Preis für ihre Behandlung zu bekommen.

Bekleidungshersteller:
XY entwickelt und produziert Funktionsbekleidung, die es Menschen ermöglicht, auf zeitlos ästhetische Art Funktionsbekleidung mit gutem Aussehen zu verbinden.

Fortbildungsunternehmen:
Auf der Basis unserer Expertise in der XY-Branche bieten wir maßgeschneiderte Weiterbildung zur Strategieentwicklung und Umsetzung in der Unternehmenskommunikation.

Was die Formulierung der Core Story für das Geschichtenerzählen bedeutet, können wir uns einmal anhand des ersten Beispiels – des Reiseportals – ansehen. Die Entwicklung einer Core Story ist ein Prozess, der mehrere Entscheidungen verlangt. Natürlich bietet das Reiseportal eine ganze Reihe von Möglichkeiten: Der User kann Hotels, Pauschalreisen, Flüge, Mietwagen finden, er kann sich Hintergrundinformationen zu Reisezielen ansehen und Preise verschiedener Reiseangebote vergleichen. Um die Core Story möglichst griffig und für die Kommunikation brauchbar zu machen, entschied man sich jedoch dafür, all diese Angebote nicht als „Kern" zu adressieren, sondern das, was nach Meinung der Betreiber die eigene Seite von den Plattformen der Mitbewerber unterscheidet: Die schnelle und sehr sichere Buchungstechnologie. Mit dieser Entscheidung war klar, dass alle Geschichten, die in der Kommunikation erzählt werden, Geschichten sein müssen, die Schnelligkeit und Sicherheit der Buchung kommunizieren – und keine Geschichten, die günstige Preise, Preisvergleiche oder Online-Reiseführer in den Vordergrund stellen. Das bedeutet, dass das Ziel bzw. Wunschobjekt des Protagonisten in allen Geschichten in den beiden Qualitäten „Schnelligkeit" und „Sicherheit" besteht. Möglich wären also Geschichten

- über einen Kunden, der sich bisher nicht getraut hat, im Internet Reisen zu buchen, aber mit der sicheren Technologie der Plattform es nun zum ersten Mal (und natürlich zu seiner Zufriedenheit) getan hat;
- über einen Manager, der sehr viel unterwegs ist und häufig vom Smartphone aus schnell Reisen buchen muss, dabei aber auf Datensicherheit nicht verzichten will und die Plattform als ideale Lösung für seinen Bedarf entdeckt;
- über einen Entwickler der Firma, der lange darüber getüftelt hat, wie man Online-Buchungen noch sicherer machen kann und schließlich auf eine geniale Lösung verfallen ist.

Nicht im Sinne der Core Story wären dagegen Geschichten

- über einen Kunden, der möglichst billig verreisen will und auf der Plattform das günstigste Angebot gefunden hat;
- über einen Kunden, der durch die Online-Reiseführer auf der Plattform sich optimal auf die Kultur seines Urlaubslandes vorbereiten konnte.

Diese Geschichten würden die Strategie der Kommunikation verwässern. Natürlich kann man Geschichten erzählen, die weitere Qualitäten der Plattform mit den von der Core Story abgedeckten Hauptqualitäten verknüpfen, also beispielsweise die Geschichte eines Kunden, der möglichst sicher sein möchte, dass es ihm in seinem Urlaubsland auch gefällt, und für den die Online-Reiseführer ein Werkzeug sind, um sich auch darüber verlässlich zu informieren.

Mit der Core Story legen Sie also die Grundparameter Ihrer narrativen Kommunikationsstrategie fest.

 Checklist: Die Core Story entwickeln – so gehen Sie vor:

Nehmen Sie sich mit dem Team, das die Kommunikationsstrategie tragen soll, etwa 3-4 Stunden Zeit. Wichtig ist, dass auch diejenige Führungskraft mit dabei ist, die letztlich die Entscheidung über die Kommunikationsstrategie trifft.

1. Sammeln Sie in einem Brainstorming auf einer Flipchart die Merkmale, die das Produkt, die Dienstleistung oder das Unternehmen auszeichnen, zu dem die Kommunikationsstrategie entwickelt werden soll.
2. Umkreisen Sie diejenigen Begriffe rot, die die wichtigsten sind bzw. diejenigen, die das betreffende Produkt oder Unternehmen einzigartig machen.
3. Schreiben Sie auf eine neue Flipchart die „Hohlform" einer Core Story:
   Wir machen ...   ... um Menschen/Kunden ...   ... zu ermöglichen.
   Diese Begriffe müssen dann nicht unbedingt in der endgültigen Core Story vorkommen; es geht nur darum, zu wissen, wie der Satz grob strukturiert sein soll.
4. Entwickeln Sie gemeinsam die Formulierung der Core Story. Je mehr dabei diskutiert, gestrichen, neu gedacht und wieder verworfen wird, desto besser.
5. Wenn Sie eine Formulierung gefunden haben, mit der alle einverstanden sind, vertagen Sie sich, und
6. treffen Sie sich nach einer Woche wieder; häufig gibt es dann noch kleinere Änderungen oder Konkretisierungen. Dann können Sie zum nächsten Schritt, der Strategieentwicklung, weitergehen (s.u.).

Schritt 2: Die Storyscape kartographieren

Steht die Core Story, benötigen wir als nächstes eine Landkarte der möglichen Geschichten, die ich „Storyscape"
nenne. Diese Landkarte entwickelt man am besten, indem man um das Zentrum der Core Story eine Art Mind Map
der Geschichtentypen zeichnet:

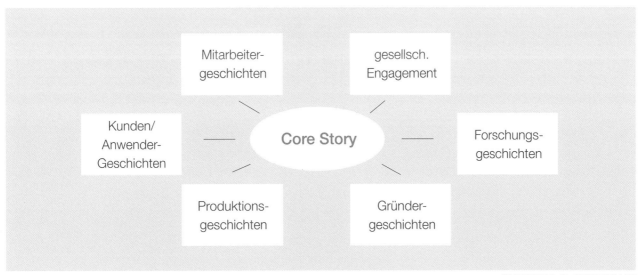

SCHAUBILD 17: STORYSCAPE

Welche Geschichtentypen zur Core Story möglich sind, hängt natürlich ganz von dem jeweiligen Produkt oder dem Unternehmen ab. In manchen Fällen werden Entwickler-Geschichten Sinn machen, in anderen wieder nicht.

Schritt 3: Geschichten-Quellen finden

Im nächsten Schritt sollte man dann gemeinsam überlegen, wo man diese verschiedenen Geschichten finden kann: Im Archiv, bei den Mitarbeitern, bei den Kunden etc., die man dann natürlich jeweils fragen muss. Tipps zum Geschichtenfinden habe ich Ihnen ja schon ab Seite 19 gegeben.

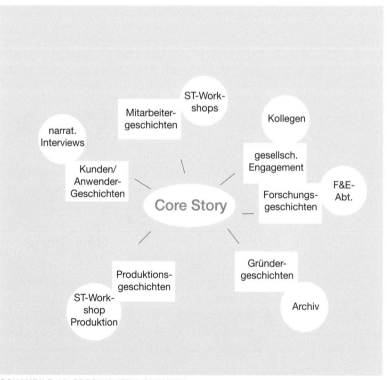

SCHAUBILD 18: GESCHICHTEN-QUELLEN

Schritt 4: Zielmedien bestimmen

Welche Geschichten bzw. Geschichten-Typen erzählt man am besten in welchen Medien? Es ist wichtig, sich auch diese Frage schon bei der Strategieentwicklung zu stellen, und zwar aus zwei Gründen. Einmal, um zu überprüfen, ob Sie für alle Medien, die Sie bedienen wollen, auch wirklich Geschichten haben – oder weitere Geschichten-Quellen auftun müssen. Und zum Zweiten kann es schon bei der Recherche und dann vor allem bei der Ausarbeitung der Geschichte von entscheidender Bedeutung sein, in welchem Medium sie erzählt werden soll: Wenn sie zum Beispiel in Form eines Videos realisiert werden soll, muss man die Geschichte natürlich so erzählen, dass sie gut bebilderbar ist, etc.

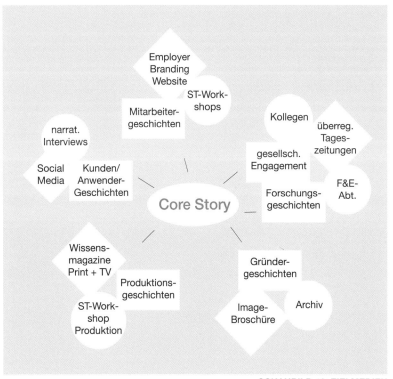

SCHAUBILD 19: ZIELMEDIEN

Schritt 5: Geschichten-Fahrplan aufstellen

Hat man die Geschichten, die man auf der Basis der Strategie erzählen möchte, gefunden bzw. recherchiert – durch Erzählworkshops und narrative Interviews, durch Archivarbeit oder Kundengespräche – sollte man einen Zeitplan aufstellen, welche Geschichten wann in welchen Medien erzählt werden sollen, denn die narrative Kommunikations-kampagne soll ja nachhaltig sein und keine Eintagsfliege. Dabei sollte man auch überlegen, ob manche Geschichten auf anderen aufbauen und daher später erzählt werden sollten, etc.

Wir sind am Ende unserer gemeinsamen Geschichte mit dem Geschichtenerzählen angekommen, in deren Verlauf Sie die Strukturen, Bausteine, Varianten und Anwendungsmöglichkeiten des Storytelling kennen gelernt haben. Jetzt liegt es an Ihnen, dieses Wissen umzusetzen. Wie bei vielen neuen Fertigkeiten mag es Ihnen am Anfang noch etwas mühsam erscheinen und vielleicht auch verwirrend, auf wie viele Dinge man achten sollte, um eine gute Geschichte hinzukriegen. Aber schon nach einigen selbstgeschriebenen Geschichten werden Sie feststellen, wie Storytelling Ihnen in Fleisch und Blut übergeht, wie Sie instinktiv Dinge richtig machen, den zentralen Konflikt identifizieren, Spannung aufbauen, eine klare Botschaft vermitteln. Wie die meisten Dinge lernt man das Geschichtenerzählen am besten, indem man Geschichten erzählt.

Sie können aber noch ein Übriges tun und Ihre „narrative Intelligenz" auch ganz nebenbei im Alltag trainieren. Hier einige Tipps dazu:

So trainieren Sie Ihre narrative Intelligenz:
- Hören Sie gezielt Menschen zu, die bei der Arbeit (zum Beispiel in der Pause) oder im privaten Umfeld etwas erzählen. Denken Sie kurz über diese Geschichten nach: Welche fanden Sie besonders gut? Was haben die Erzähler gemacht, um die Geschichte so wirken zu lassen? Erkennen Sie Elemente wieder, die Sie in diesem Buch kennengelernt haben?
- Wenn Sie einen Roman gelesen oder einen Film gesehen haben: Nehmen Sie sich kurz Zeit, die Erzählstruktur zu reflektieren. Wie unterscheiden sich Anfang und Ende? Was ist die Transformation, was das zentrale Ereignis? Wie wurde Spannung aufgebaut, was waren die Konflikte, in die der Protagonist gestürzt wurde, etc.? So

bekommen Sie immer mehr Gefühl für den Bauplan einer Story.

- Wenn Sie irgendwo – im Beruf oder im Privatleben – eine Neuigkeit hören (ein neues Produkt, ein Ereignis im Verwandtenkreis, etc.), überlegen Sie kurz, wie Sie zu dieser Neuigkeit eine Geschichte erzählen könnten: Gibt sie überhaupt eine Geschichte her? Wer wäre der Protagonist und was würde sich für ihn verändern? Wie könnte man Spannung aufbauen etc.? Sie werden sehen: Nach einiger Zeit sehen Sie überall Geschichten!
- Und wenn Sie all das noch effektiver machen wollen: Schreiben Sie sich die jeweiligen Überlegungen zu den einzelnen Punkten in einem Notizbuch auf. So entsteht nach und nach Ihr eigenes Storytelling-Manual mit Ideen für Geschichten und ungewöhnliche Dramaturgien.

Denken Sie in Geschichten! Erzählen Sie Geschichten! Entdecken Sie den ganzen Kosmos des Storytelling! Ich wünsche Ihnen viel Spaß und Erfolg dabei.

Aristoteles: Poetik. Griechisch/Deutsch. Übersetzt und herausgegeben von Manfred Fuhrmann. Stuttgart: Reclam 1982 (RUB 7828)

Bruner, Jerome: Actual Minds, Possible Worlds. Cambridge: Harvard University Press 1986

Campbell, Joseph: Der Heros in tausend Gestalten. Frankfurt/Main: Insel 1999

Frenzel, Karolina; Müller, Michael; Sottong, Hermann: Storytelling. Das Praxisbuch. München: Hanser 2014 (E-Book)

Grimm, Petra: Filmnarratologie. Eine Einführung in die Praxis der Interpretation am Beispiel des Werbespots. München: diskurs film 1996

Keupp, Heiner et al.: Identitätskonstruktionen. Das Patchwork der Identitäten in der Spätmoderne. Reinbek: Rowohlt ⁴2008 (rowohlts enzyklopädie)

Lanzenberger, Wolfgang; Müller, Michael: Unternehmensfilme drehen. Business Movies im digitalen Zeitalter. 2. überarbeitete Auflage. Konstanz: UVK 2012

Lampert, Marie; Wespe, Rolf: Storytelling für Journalisten. Konstanz: UVK 2011

Markowitsch, Hanns J.; Welzer, Harald: Das autobiographische Gedächtnis. Hirnorganische Grundlagen und biosoziale Entwicklung. Stuttgart: Klett-Cotta 2005

Rizzolatti, Giacomo; Sinigaglia, Corrado: Empathie und Spiegelneurone. Die biologische Basis des Mitgefühls. Frankfurt/Main: Suhrkamp 2008 (edition unseld 11)

Roth, Gerhard: Fühlen, Denken, Handeln. Wie das Gehirn unser Verhalten steuert. Neue, vollständig überarbeitete Ausgabe. Frankfurt/Main: Suhrkamp 2003 (stw 1678)

Spitzer, Manfred: Lernen. Gehirnforschung und die Schule des Lebens. München: Elsevier 2007

Tobias, Ronald B.: 20 Masterplots. Woraus Geschichten gemacht sind. Frankfurt/Main: Zweitausendeins 1999

Prof. Dr. Michael Müller

studierte Literaturwissenschaft, Philosophie, Logik und Wissenschaftstheorie an der Universität München. Nach einer Tätigkeit als Kulturmanager bei der Siemens AG machte er sich selbständig und berät seit mehr als 15 Jahren Unternehmen in der Kommunikation nach innen und außen. Als Autor für Unternehmensmedien entwickelte er zahlreiche Unternehmensfilme, Internetauftritte und Printmedien. 1997 war er Mitgründer der Beratergruppe »System + Kommunikation« und entwickelte mit seinen Partnern die Storytelling-Methode. Auf der Basis narrativer Ansätze berät er seither Unternehmen, Organisationen und öffentliche Institutionen bei der Kommunikations- und Kulturentwicklung, bei Veränderungsprozessen und Markenführung. Seit 2010 ist er Professor für Medienanalyse und Medienkonzeption an der Hochschule der Medien Stuttgart. 2014 Gründung des „Instituts für Angewandte Narrationsforschung (IANA)" an der Hochschule der Medien.

Publikationen (Auswahl)

2014   Storytelling. Das Praxisbuch. (zus. m. K. Frenzel und H. Sottong) München: Hanser (E-Book)

2012   Unternehmensfilme drehen. Business Movies im digitalen Zeitalter. (zus. mit W. Lanzenberger). 2. Aufl. Konstanz: UVK.

2005   Storytelling: Die Kraft des Erzählens fürs Unternehmen nutzen (zus. m. K. Frenzel und H. Sottong). München: dtv

2000   Das Unternehmen im Kopf. Schlüssel zum erfolgreichen Change Management (zus. m. K. Frenzel und H. Sottong).München: Carl Hanser Verlag.

1998   Zwischen Sender und Empfänger. Eine Einführung in die Semiotik der Kommunikationsgesellschaft. (zus. mit H. Sottong). Berlin: Erich Schmidt Verlag.

mm@muelllerundkurfer.de
www.muellerundkurfer.de
www.narrationsforschung.de

Die neue Buchreihe „scm kompakt" bietet leserfreundliche Themenbücher mit vielen Abbildungen zu ausgewählten Aspekten

„Like it or Plus it? – Facebook vs. Google Plus: Wie die beiden Netzwerke Ihre Unternehmenskommunikation verändern"
von Nemo Altenberger und Jan Eisenkrein.
ISBN: 978-3-940543-19-6
EUR 26,90

„Social Media und Recht – Juristische Fallstricke im Social Media Marketing"
von Markus Robak und Nils Weber.
ISBN: 978-3-940543-20-2
EUR 26,90